Ⓢ新潮新書

和田秀樹　池田清彦
WADA Hideki　*IKEDA Kiyohiko*

オスの本懐

1055

新潮社

まえがきにかえて

少し前に、宮藤官九郎さん脚本の『不適切にもほどがある！』（ＴＢＳ系）というテレビドラマが人気を集めました。日本が元気だった１９８０年代半ば、そして現代を舞台とするタイムスリップものなのですが、昭和の時代と令和の時代では、人々のものの考え方やコンプライアンスなるものの厳しさは大きく変遷しています。

このドラマは、私くらいの中高年世代の間では、そのギャップに息苦しさを感じている人たちにウケたようです。私のように老化予防や高齢者医療を専門としていると、今の世の中の建前主義とかコンプライアンスというような考え方には、どうしても違和感をおぼえずにはいられません。

多くの人が、健康長寿を目指すために好物のトンカツを控え、ラーメンを控えたりしていますが、最近になって「その考え方はおかしいのではないか」と疑義を呈する学説が多数出てきています。

たとえば厚労省の塩分の摂取基準は男性で7・5グラム、女性で6・5グラム／日ですが、世界を股にかけた大規模調査では塩分10～15グラム／日の人が一番死亡率が低く、塩分摂取量が少ないほど急峻に死亡率が上がることがわかっています。また、さまざまな我慢はストレスにつながるのでかえって免疫力を下げ、がんを増やすということなども明らかになりつつあります。

健康になる習慣というのは、道徳ではなく、統計学などで解き明かしていかなければなりません。この手の「健康常識の嘘」は、インターネット社会になったことでだいぶ周知が進んだものの、私は精神科医ですから、いいたいことを我慢したり行動規制をかけたりすることがいかにメンタルヘルスを損なうか、常に痛感しています。

また、日本という国はとりわけ性的なことへの抑圧、抑制が厳しいですが、高齢になればなるほど、性ホルモンは若々しさや元気の秘訣になるのです。これも、アンチエイジング医学を学ぶほどに思い知らされることです。

他人を傷つけるようなヘイトスピーチは許されないものです。しかし、男が男でいたい（女が女でいたい）という願望を吐き出したり、仲間内でコンプライアンスを忘れて本音をぶつけあったり、下ネタや猥談で盛り上がったりすることは、メンタルヘルスにとって非常に大切なことのように思えてなりません。

私は3年間アメリカに留学して精神分析を学びました。その後も現代精神分析の勉強を30年くらい続けているのですが、精神分析のルールの中に、「患者は、心の中に浮かんだことを包み隠さず話さないといけない」ということがあります。

その結果、あまりに差別的な発言が出てしまうので（もちろん、日頃は紳士的に振舞っている患者さんたちなのですが）、黒人の精神分析家の候補生はみんな途中で嫌気が差してしまう、黒人がこれほど社会進出しているアメリカ社会に、黒人の精神分析家がほとんどいないのはそのためだ――という話を聞いたことがあります。

ハイレベルの教育を受け、道徳感を身につけていても、腹の中までは変えられない。それが人間という生き物なのでしょう。

だから、アメリカのように気軽に（とはいっても、中流階級以上の人に限られるのですが）カウンセリングや精神分析を受けることが困難な日本では、「なんでも本音で話せる友達をもちましょう」ということをほうぼうで書いているのですが、いいたいことをどんどんいう人たちの旗色は悪くなっているようです。ハッキリ本音をいうようなイメージをもたれているタレントたちも、テレビで絶対にいってはいけないことがよくわかっているので生き残れているだけ。私のように「本当のこと」をいう人間は、あっという間にパージされてしまいます。

今回のテーマは「オスがオスであるために」というものです。

これは中高年以上の男性にとっては切実な問題で、長くオスでいられることはすなわち、若さを保つことに直結します。

そこで、「オス（あえて人間の男でなく）」の専門家である生物学者の池田清彦さんとの対談の場を設けていただき、本来、生物学的なオスとはどういうものなのか、人間のオスの本性とは、といろいろ教えていただくことになりました。さらにオスとして強くいるためにはどうすればいいか、ということについても考えていきます。これは歳をとってもオスでいることにつながり、ひいては健康長寿につながるものです。

池田さんは本業の生物学者としてもスゴイ人なのですが、それ以上に構造主義の専門家として、その立場から社会評論も行っています。生物学の視点もあいまって、歯に衣着せぬ言説でも知られる人です。

おかげで、霊長類も含めた他の生物では……という視点でのオス論と、現代社会が抱える問題への池田さんの鋭い切り込みが折り重なり、私の内にあったさまざまな胸のつかえのようなものが解消されていきました。

その痛快さを追体験してもらうには、本書を読んでいただくのが一番だと信じています。本書の対談をライブ感覚で楽しんでもらって、我慢とかコンプライアンスなどへの違和感や不快感に対する「答え」を自分なりに得ていただければ、著者として幸甚この上ありません。

このような素晴らしい対談のパートナーとなっていただいた池田清彦さんに、この場を借りて深謝いたします。

和田秀樹

オスの本懐……目次

第2章　セックスはなぜ快感なのか

第4章　オスが輝かしく老いるために

第1章　オスという不治の病

いってはいけない、本当のこと

和田　池田さんとはずいぶん前にお会いしたことがある気がしますが、いつどこでだったか、近ごろどうも記憶がいい加減になってしまいまして。

池田　僕も和田さんも、かなり前から似たようなテーマの本を書き続けているので、どこかで会っていてもおかしくないよね。

和田　一対一の対談は初めてですが、テレビの収録でご一緒したかと。私は以前から、池田さんは世の中について「本当のこと」をいうかただな、という印象を抱いていて、フジテレビの『ホンマでっか!?ＴＶ』では相当きわどい話をされているし、少し前にも『ＳＤＧｓの大嘘』（宝島社新書）という本を出されましたね。今回の対談は本当に楽しみにしていました。

池田　「本当のこと」をいう点では、僕も和田さんに近しい印象をもってるの。2022年に急逝した医師の近藤誠さんと以前、対談されてたよね。周囲の空気に呑まれないということでは近藤さんも勇気のある人だったけど、和田さんも自分の意見をしっかりいう人だと思ったね。

和田　池田さんにそういっていただけると嬉しいです。医者というのはタチが悪いもので、医学的真実がどうこうより権威、学界で偉い立場にある人の意見が「正しい」とされる場合が実に多いのです。他の学問分野でも同じなんだろうかと以前から疑問で、自然科学の界隈ではどうなのか、池田さんにお伺いしたいと思っていました。

池田　似たような傾向はあるけど、医学界に比べたら大したことないだろうな（笑）。

和田　科学者の立場でそれぞれ持論もあれば、ある種の縄張りみたいなものもありますよね。でもご想像に違わず、医者の世界はそれが実に押し付けがましくて。

池田　医療はとかく利権の絡む分野だからね。新しい治療方法が見つかって従来の方法が少しでも否定されることになれば、それを生業にしていた人たちのメンツが潰され、収入面も脅かされてしまう。だからいろんな圧力がかかるわけだよね。
和田　自然科学の世界はそこまで利権が絡まないのでしょうか。
池田　そうね、僕はずいぶん昔から「進化の主たる原因が遺伝子の突然変異と自然選択であるとするネオダーウィニズムなんて、インチキだ」ってさんざん主張してきたけど、学会から圧力がかかったことは一度もない。でも中にはズブズブの利権絡みもあって、最近は何といっても人為的地球温暖化説だね。「CO_2排出量が増えたせいで地球が温暖化している」、これが否定されたらＳＤＧｓでメシを食べている連中やソーラーパネル、風力発電、電気自動車といったビジネスがいっぺんにポシャってしまう。巨額の利権だから、相当強い圧力がかかるよね。
和田　ＳＤＧｓはインチキだなんて、今のテレビでは絶対に放送できません。
池田　そうだね。番組スタッフが「先生、どうぞお好きなことを話してください」と焚きつけるものだから、収録では「本当のこと」をいうけど、いざオンエアとなると全部カットされている。だから、僕は生放送の番組にはまず呼ばれない。
和田　私も同じです。本が売れると事前収録スタイルの番組からは声がかかっても、生放送にはまず呼ばれない。「死ぬ確率でいえば、コロナよりインフルエンザのほうが高い」なんて「本当のこと」をいう人は、怖くて生放送には出演させられないんでしょう。

池田　生放送NGで共通する二人が、テレビでは話せない「本当のこと」を思いきり話そう、というのがこの本の趣旨なんだね。

和田　その通りです。テレビや新聞などの大手メディアでは最近とみにタブー視される「オスについての、本当の話」が今回のテーマになります。

エロ抜きで長生きしてもしょうがない

和田　池田さんは、ご自身のメールマガジンの中で「エロ抜きで長生きしてもしょうがない」と書いていましたね。

池田　「池田清彦のやせ我慢日記」という月二度配信のコラムで、毎回好き勝手なことを書いてるの。少し前に書いたのが「老人になるということ」。コロナ禍で、家でゴロゴロしていたら、とくに悪いところもないのに気力が落ちた気がしたんだよね。そこで、男性ホルモンの分泌が減ったのかもしれないと考えて、「男性ホルモンは寿命を縮めるので、長生きするかも知れないなと思うと、ちょっと嬉しい気もするけれど、エロ抜きで長生きしてもしょうがないか」、そう締めくくった。

和田　それは科学的にも正しい指摘で、若い頃に比べて「気力が落ちた」と感じるのは多くの場合、男性ホルモンの減少が背景にあります。裏を返せば、「エロ」を下支えする男性ホルモンは生きる活力そのものだということです。

80歳でエベレスト登頂を果たしたプロスキーヤーの三浦雄一郎さんは、男性ホルモンの一種テストステロンを打ち続けたことで筋肉量が増え、体力を回復できたそうです。これは三浦さんの主治医である熊本悦明先生（札幌医科大学名誉教授）の勧めとのことで、熊本先生ご自身も亡くなる直前の92歳まで現役医師を続けられた。男性ホルモンという名称がよくないので、「元気ホルモン」に変えるべきだと主張されていましたね。

池田　男性ホルモンのおかげで活力も出るし、面白く生きられる。

和田　そうです。男性ホルモンの数値が下がると、ロクなことになりません。気力が落ちるだけでなく、人づきあいが億劫になってくる。男性ホルモンが減少すると異性への興味がなくなるとよくいわれますが、それだけでなく、人間そのものに興味がなくなってしまうんです。加えて記憶力が低下、筋肉が落ちて脂肪がつくので健康にもよくない。つまり、歳をとればとるほどエロが重要になるのに、ほとんどの日本人はそういう「本当のこと」について話そうとしない。逆に、いい歳をした男がエロに惹かれるなんて、「年甲斐もないバカ」みたいに蔑まれる風潮さえあります。

池田　「エロじじい」ってね。でもエロもダメで不倫もダメ、健康のために酒もタバコもダメ。ダメ尽くしで長生きできたとしても、一体なんのために生きてるのかね。

和田　元気ホルモンという意味では、歳をとっても男性ホルモン数値をある程度キープできている人は要介護状態に陥りにくいのです。では、日本がそういう健康寿命を延ばす施策を考えているかというとまったく逆で、むしろ「オス」を痛めつけ、どんどん弱らせるようなことばかりです。日本は先進国の中でポルノが解禁されていない唯一の国で、若い世代はパソコンやスマホで無修正動画でもなんでも探し当てられても――。

池田　年寄りは苦労するだろうね。ＩＴにくわしい人ならともかく、ネットに疎い人はいわゆるエロ本やアダルトビデオを実際に店で買わないといけない。

和田　意識的に男性ホルモン分泌を上げて元気を出さないといけないシニア層が、その一手段であるポルノにアクセスできない。これは「老人いじめ」では。

池田　そういう動画があると聞いて、それなら自分も観てみようと慣れないパソコンをいじるうちにヘンなサイトに引っかかって、架空請求にあう老人も少なくないとか。

和田　実際に詐欺被害にあっても、エロ動画だなんて口が裂けてもいえないでしょう。友人、まして妻や子どもに相談できるはずもないから泣き寝入りするしかない。「カモ」の心理を見越した卑劣な詐欺ですね。

池田　歳を重ねるにつれて性欲は減退していくもの、日本ではなぜかそう思われてるので、「エロじじい」にとってはかなり生きづらいよな。

「エロじじい」を蔑む元気のない国

和田　おっしゃる通り、日本には「エロじじい」を嗤うというか、バカにして蔑む風潮が強いですね。数年前、新宿歌舞伎町のマンションの一室で無修正動画のDVDを売っていた業者の摘発が報じられた時は、まるで極悪人みたいな扱いでした。でも、ネットにアクセスして観られない老人向けに今どきDVDを焼いて売るだなんて、そこは「人助け」になっていた部分もあったんじゃないかなと。

池田　なるほど、それはそうだ。

和田　警察が踏み込んだ時、居合わせた客のほとんどが80代だったそうで、ニュースではそれも含めて、いい歳をして……とお客をバカにしているようだった。でも、かの文豪永井荷風や谷崎潤一郎のように、老いてもエロチシズムに従う男性は粋だ、という評価がかつては主流でした。渋沢栄一には妻の他に複数の愛人がいて、実子は総勢17人以上。最後の子どもは68歳の時の子という逸話まであり、男の甲斐性として一目置かれた。つまり、そこには齢を重ねた男性が活力をキープするという側面があったわけです。もちろん今とは時代状況が違いますが、妾はともかくポルノぐらい自由に観られたらいいのに、という話です。とりわけ男性ホルモンの多寡が健康長寿にダイレクトに関わる70代以上は、AVくらい大目にみてもいいと思うんです。

池田　同感だね。年寄りほど楽しく生きないといけないわけで、相手が嫌がるのでなければ老いらくの恋もいいし、プロが相手をする風俗の世話になってもいいと思う。

和田　もともと日本はエロに対して概して大らかだったのに、今は真逆になりました。

自分のエロさに忠実に生きている男性、歳をとってもエロティックな感性を大事にする人をバカにする風潮をみると悲しくなります。

池田　それだけ今の日本に元気がない。その裏返しじゃないかな。

和田　どういうことでしょう？

池田　日本に元気がない、というのは多くの日本人男性、オスたちが元気でないということでしょ。だから、自分より楽しいことや面白いことをしているオスがいると、それが気に食わないわけ。昔は、けっこうな齢でも美女を連れ回しているじいさんがいたら、「面白いことをやってるなあ、俺もやってみよう」という具合にモチベーションにもなったのが、今はそんな余裕のあるオスが少なくなった。逆に、女性にモテてエロいことして人生を謳歌してるような男性を見つけると、とにかく妬んで引きずり下ろすしかないんだな。自分にはできそうもないからそうなる。

和田　どうも男らしくないですね。

池田　だけど、金がなくて女にもモテない男はだいたいそんな風になるものよ。元気のない男が日本中に溢れていて、しかも大多数だから、マスコミも彼らの溜飲が下がるようなニュースを流して視聴率を稼ごうとする。有名人の不倫をやたらバッシングするのもそう。どこの誰が誰と寝ていようが、本来、赤の他人に何も関係ない話なのに、延々とゴシップを垂れ流しているのも、根っこにあるのは嫉妬でしょう。

和田　元気な人たちの足を引っ張っていたら、社会はますます元気がなくなります。

池田　悪循環だね。だから、いつまで経っても日本はパッとしない。

若いオスのヘンな行動が社会を変える

和田　その話に関係しますが、今の日本では本当の意味でのオスが稀少な存在になっている気がします。粗っぽくて勝手なイメージかもしれませんが、オスというのは生来的に自分の欲しいものを勝ちとる、信念を貫くためには周囲とぶつかることも辞さない、そういう構えがベースにある存在だと思うのです。でも今の社会をみていると、そういう行動原理に支えられた男性はとても少ないのでは……。もっとも、私の考えるオス像自体が生物学の立場からは見当違いかもしれませんが。

池田　いや、考え方は間違ってないよ。生物学的にみると、オスはだいたいが新しいことを始めたり、危険なことにチャレンジしたり、とにかく冒険する存在だからね。たとえば、ニホンザルの若いオスは急死したところで誰も困らないから、積極的に「冒険」をする。群れの中にいたほうが安全なのに、群れから離れて一匹で外の世界に出ていったりする。他の群れのメスと交尾をしたいからだといわれているが、この冒険心が近親交配を減らし種の存続に役立っているようだ。あるいは好奇心から「ヘンなこと」をするのも若いオスが多い。中には若いメスがする場合もあるけれど、大人のオスはまずやらない。でも、その「ヘンなこと」が群れ全体に変化をもたらしたりするんだよね。

和田　ヘンなこと?

池田　有名な話だけど、宮崎県串間市幸島のニホンザルの群れの中で一匹の若いメスが泥のついたイモを水で洗ってから食べるということを始めた。犬山のモンキーセンターで寒い冬に最初にたき火に近づいてきて暖をとったのも若いサルだ。すると他の若いオスやメスもその真似をし始め、だんだんと全体に広がっていった。つまり、周りから「何かヘンなことしてるな」とみられても、のけ者になったり攻撃対象になったりはしなくて、「自分も試してみよう」となる。これはヒトの世界でも同じで、誰かがヘンなことをしているのをみると冒険心に火がついて、犬ぞりで北極点到達とか筏で太平洋横断とか、高層ビルで綱渡りとかに挑戦しようとする。奇想天外なことに挑戦しようとするのは、ほとんどが若い男性、つまり若いオスなんだな。今の日本では若い男もリスクを気にして、「冒険」や「ヘンなこと」をすること自体がだいぶ減った気がするね。

和田　おっしゃるように、日本の若い男性は守りに入っています。積極的に起業するより、大半は企業に就職してサラリーマンとして生きる道を選びます。海外留学をするのも女子学生のほうが圧倒的に多いそうです。

池田　オスらしいオスが減っているのかもしれない。

和田　若い男性たちが「ヘンなこと」をしない、冒険やチャレンジをしないことで社会全体が変化に乏しくなり、停滞し、縮こまって地盤沈下していく。それは国家にとっても由々しき事態だと思います。わずか40年くらい前までは自動車や半導体、家電など多くの産業分野でジャパン・アズ・ナンバーワンと称賛された。それが三洋電機を買収したパナソニックなど、モーターもバッテリーも自社で作れるのだから、電気自動車も自社開発してしかるべきだったのに、「ヘンなこと」をしないで守りに入っているうちに、ベンチャーに先を越されました。そんな風に日本中の企業は海外メーカーにどんどん追いつかれ、ついには抜かされてしまったんです。

池田　一種の悲劇だね。ただ、こういう話をすると「そうか。自分のやりたいこと、興味のあることだけしていればいいのか」と曲解する極端な人もいる。個人的にはそれでも構わないと思うし、とくに老齢に近づくほどそうなっていいと思うけど、実はこういう極端な生き方というのはだいたい失敗するんだよね。

和田　なぜですか？

池田　理由は簡単、人間は「飽きる」生き物だからさ。たとえば、どんなにセックスが好きな人でも、朝から晩まで同じ相手と何週間もセックスし続けたらさすがに飽きるでしょ。逆にしんどくなって、何か他のことがしたくなる。それと同じで、仕事にしても自分の好きなことだけをずっとするより、適度に面倒くさいこと、気が進まないことが混じって多少のストレスがかかったほうがいいんだよ。

和田　共感しますね。私も美味しいご飯を食べるのが好きで、一時期は毎日のように評判の店に足を運んでいましたが、結果的には飽きてしまいました。しかも、飽きのこないように今日は中華、明日はフレンチ、明後日は割烹といった具合にジャンルを変えて美食家としてこの上なく充実した日々を送っていたはずが、しばらくするとさっぱり胸が躍らなくなってきた。ああ、やはり人間というのは飽きるようにできている、そう実感しました。

池田　好きなことだけをやり続けても、一向に飽きがこない人もたまにいるけど、そういう人は頭が特殊なんだよね。朝から晩まで虫の標本をつくる生活を何年も続けている友人がいて、僕は正直、羨ましかった。で、コロナで自由な時間が増えたものだから、「これで大好きな虫の標本づくりに専念できる」と張り切っていたのが、やはり3カ月くらいすると飽きてしまった（笑）。人間、他のこともやらないとね。世の中というのは実に上手くできているよ。

和田　まったくですね。私は、歳をとればとるほど好きなこととの比率を上げてDuty（やらねばと自分自身に課すもの）の比率を下げていくべきだと考えています。これまでの生活では「好きなこと」1割に対して「Duty」9割だったとしても、定年退職後にはDutyを限りなくゼロにしてしまって構わない。ただし、若い頃は多少の我慢なりストレスがあったほうが、人間はより成長できると思います。ハードな部活動や受験勉強にしても、近年は否定的にみられる傾向が強いですが、それぐらいの苦労は一生のうちに一度ぐらいは経験しておいたほうがいいのではないでしょうか。

池田　好きなことだけをやりすぎるのもよくない。我慢しすぎるのもよくない。ほどほどが一番だね。

和田　私自身、37歳でフリーの医者になって以来、飽きがこないように日々意識的に仕事内容を変えてきました。ただ、62歳になって日本大学の常務理事という柄にもない仕事を引き受けてしまい、我慢やストレスの比率がぐっと上がってしまって……。

池田　それはお気の毒に。

和田　それが運よくクビになって、一気にラクになりましたよ（笑）。

コレステロール値よりテストステロン値

池田　日本の「オス」の元気不足を解決するにはどうすればいいのか。一つのヒントとして、テストステロンを上げることが考えられそうですね。

和田　そう思います。日本の医者は「男は年とったら元気がなくなるのが当たり前」という発想しかなくて、テストステロンの重要性を説明しない。それが、高齢者がエロティックな感性をもつのは恥ずかしいことだという偏見を広めてしまったように思います。もっと気軽に血液検査でテストステロンの値をチェックしたほうがいいし、とりわけ高齢者は、コレステロール値よりテストステロンの値を気にしたほうがよほど意味がある。

池田　テストステロン値はすぐにわかるしね。

和田　最近は「幸せホルモン」と呼ばれるセロトニンの血中濃度を調べる検査もあります。ただ、セロトニンは血液検査で出る値と、実際に脳まで届けられる血中濃度がまったく違うんです。池田さんには釈迦に説法ですが、セロトニンがブラッド・ブレイン・バリア（血液脳関門）をくぐり抜けられないのに対して、テストステロンは通過できるので数値が変わらない。つまり、数値を計測する意味があるということです。

池田　若い人がどうも気力が出なくてうつっぽいけど、あちこち調べてみても原因がよくわからない。そういう時に血液の値をみるとテストステロンが足りていなくて、投与すると元気を取り戻す。そういうケースが少なからずあるようですね。

和田　テストステロン値が下がるとうつっぽくなることがあるので、補うことで回復するケースはよくみられます。でも、本物のうつ病だと少々悩ましい悪循環が起こります。うつ病の薬を投与すると不安や不眠、食欲不振は改善しても、意欲が出ないのです。

池田　なるほど。意欲を出す薬というのは難しいんだね。

和田　現在の科学では、人間の意欲を刺激する薬はメタンフェタミンという覚醒剤のようなものになります。

池田　太平洋戦争の時代は「ヒロポン」という名称で兵士に投与されたよね。元気がみなぎって、怖いもの知らずになる。でもメタンフェタミンは依存性が高くて副作用がきつすぎるので、やがては人間が壊れてしまうんだけど。

和田　そうなんです。だから「今すぐ意欲を上げたい」という時は、現時点ではテストステロンが最も有効ではないかと私は思います。

池田　テストステロンはもともと人間の体に備わっているものだから、投与による副作用はそうひどくない。ただ、元気になって活性酸素が増えることで、がんになりやすくなるリスクがあるそうですね。

和田　そういうデメリットも指摘されています。それと、人によっては性欲が過剰になったり、攻撃性が強まったりする場合もあります。テストステロン値が低い人が打つ分には比較的副作用は少ないですね。

池田　このくらいの低さなら打っても大丈夫、と目安が設けられている。

和田　そうです。きちんと目安に従い、必要な人にはテストステロンを補うほうがいいと思うのですが、日本ではそれがまったくできていない。その背景には臓器別診療という問題があります。

池田　テストステロンを含めて、ホルモンは全身に効くものだからね。患者の立場では、どの診療科に相談すればいいのかわからないよな。

和田　本来、ホルモンは内分泌科の領域ですが、男性ホルモンというとどうしても泌尿器科が扱う分野のようになっています。こういう境界領域の問題がテストステロンの普及を阻んでいる。男性ホルモンであるテストステロンは、中年以降は年齢とともにジヒドロテストステロン（ＤＨＴ）に変化します。最近はＡＧＡ（男性型脱毛症）をケアするクリニックが増えましたが、そこで使われるプロペシアという薬にはこのＤＨＴを抑える効果があるんです。

池田　DHTが男性ホルモン受容体と結びつくと頭が禿げる、つまりハゲの素。

和田　DHTは前立腺肥大も誘発します。前立腺が腫れると、尿道が縮まってしまうのでおしっこが出にくくなる。そこでこのプロペシア、テストステロンがDHTになるのをブロックする薬に注目が集まりました。前立腺の肥大も収まるし、禿げにくくもなる、いいことずくめの薬とされていましたが、実はけっこうな割合でED（勃起不全・勃起障害）を発症することがわかってきました。

池田　人間の体というのは、実に上手くできてるよね。

和田　DHTはテストステロンの約3〜4倍も強い男性ホルモンですから、歳をとるほどDHTが増えるのは、加齢に適応するためには必要な現象だということです。よく「ハゲの人は精力が強い」と昔からいわれますが、与太話ではなくて科学的根拠があった。適応現象を薬で安易にブロックしてしまうことで、結果的に男性ホルモン不足が起こってしまうのです。でも、これにも簡単な治し方があります。

池田　テストステロンを打つんですね。テストステロン自体はハゲの原因ではないから、バンバン打っても薄毛に影響がないし、性欲も回復すると。でも、そういう全身的なことを診てくれる医者は少ないんじゃない？

和田　そうですね。プロペシアを扱っているのは皮膚科の医者なので、そういうホルモン医学のことをほとんど知りません。だから、髪が生えてきたのはいいけどEDに悩まされている、という男性は実はかなりいます。

ホルモン補充療法における男女格差

池田　女性の場合、ホルモン療法はそんなに珍しくないよね。体調がすぐれない更年期の女性が婦人科に行くとエストロゲン薬がごく普通に処方されて、ホルモン補充療法でたちまち回復したりする。常々不思議なんだけれど、婦人科ではわりと一般的な治療法なのに、どうして男性のテストステロン療法はなかなか普及しないのかな。

和田　婦人科では服薬も、膣の中に入れる錠剤（膣錠）や注射もあるので、もっともな指摘です。私は女性ホルモンについては門外漢ですが、女性が女性らしくいるためにはエストロゲンはすごく大切で、ふっくらした体つきや肌つやに関係してきます。加齢にともなって性交痛を感じるという女性も少なくありませんが、エストロゲンを摂取することで膣内が乾きにくくなるといわれます。それから、女性らしさ云々以前に、エストロゲンが不足すると骨粗しょう症になりやすくなるんです。

池田　とくに悪いところがなくても、エストロゲンが不足すると骨粗しょう症のリスクが高くなる——それは切実な問題ですね。些細なことで脚や腰の骨を折って歩けなくなり、あっという間に寝たきりになってしまった、という話はよく耳にするから。

和田　エストロゲンは、女性の健康長寿を下支えするために必要不可欠です。実際、欧米の婦人科では女性ホルモン補充療法に力を入れていて、普及率は閉経後の女性で3～4割ほどといわれています。一方、欧米でさえ男性ホルモン補充療法は10パーセント程度ですから、まだまだ後れをとっています。

池田　欧米でもそんな様子じゃ、日本ではかなりマイナーだろうね。女性たちは歳をとっても友人と連れ立って旅行に出かけたり、趣味に精を出したりと元気いっぱい。一方で、同世代の男のほうはなんだかしょぼくれちゃってる。ホルモン補充療法の男女格差が関係しているとしたら、何が障壁になっているの？　医学会で異端視されているとか。

和田　格差はありますね。とくに中高年男性を元気にするという意味では、テストステロンを補う治療をもっと普及させるべきだと思います。日本の医者たちの悪いところで、自分たちが王道と信じ込んでいる医学以外のものに対してはきわめて許容度が低い。たとえば「胃ろう」もそうです。

池田　お腹にチューブを入れて直接胃に栄養を流し込む、あれね。

和田　もともとは患者の鼻の奥に管を差し込んで栄養を送っていましたが、誤嚥リスクをなくす目的で胃へ直接入れるという方法になった。これが胃ろうです。近年、日本の医者の多くが胃ろうを否定する傾向がありますが、私の考え方は逆です。寝たきり状態の高齢者にとっては胃ろうはやっぱり効果的で、点滴で栄養を入れ続けてもなかなか回復しなかった人が胃ろうを始めた途端、目にみえて血色がよくなったり、それまで喋らなかった人が喋るようになったり、ちょっと身体を起こしたり――。

池田　結果的に元気になるならいいのでは、と思うけど。

和田　寝たきりの人でも胃ろうをして肺炎を回避できれば、心臓や肺などの臓器がへたるまでは5年、10年と寿命を延ばすことができる。延命治療が長期間に及ぶのは、間違いなく胃ろうのおかげです。見栄えは良いとはいえないですが、人を元気にして寿命を延ばす側面は間違いなくある。でも先ほどいったように、自分たちが医学と認めないものに大きな効果を認めるのは癪に障る、それはテストステロンでも同じですね。

池田　新しいエビデンスが出てきても、今までなじんできたやり方を変えるのは難しい。まずシステムを変え、機械や設備も入れ替えなくてはならない。それまで続けてきたことを変えて新しいスタンダードを受け入れるのは、やっぱりなかなか難しいことなんですね。

老いたら「心のエロ度」を全開に

池田　医者が男性ホルモンの効果に対して消極的であるがゆえに、日本社会もエロに対して不寛容。そんな言い方もできそうだ。

和田　その可能性はあります。エロで思い出しましたが、以前どこかで「エロ度一定の法則」ということを書かれていましたね。「体のエロ度×心のエロ度＝その人のエロ度」であると。

池田　エロ度というのは、若い時は体そのものがすごくエロいけど、心のほうはそれほどでもない。発散できるからね。それが次第に歳をとって衰えてくると、反対に心のエロ度が膨らんでくる。そこで「ａ＝体のエロ度」、「ｂ＝心のエロ度」として、「ａ×ｂ＝一定」という方程式をつくったわけ。これ、実は暇な時に学生たちと遊びで考えたんだけどね（笑）。

和田　いや、遊びどころか本質を突いた法則だと思いますよ。体のエロ度が落ちてきたら心のエロ度も落ちてくるのが当然、という先入観に縛られる人が多すぎます。

池田　若い時は「体」、歳とってホルモン量がどんどん減ってくると今度は妄想、つまり「頭」を使ってエロを発散しようとする。年寄りが官能小説や老いらくの恋にハマったりするのはまさしくそれだね。

和田　その法則に従えば、女性も歳を重ねたら「心のエロ度」を全開にしてもっと奔放に振る舞ってもいいのでは？　中高年男性が繁華街で裏ＤＶＤを買う、あるいは臨時収入があると風俗店に行くように、シニアの女性だってもっと性を楽しむべきなんです。閉経後には妊娠を気にする必要もなくなるわけですから。

池田　エロで元気になるのはオスだけじゃないね。女性は男性ホルモンの絶対量が少ないので、性欲が旺盛な人は男ほど多くはないけど、性に積極的な女性だっているわけで、そういう人を殊更にふしだらだとか非難するのは間違ってるよ。

和田　少し前に大きく報じられた、女優の広末涼子さんの不倫騒動がそうでしたね。レストランを経営する相手の男性は、世間からバッシングを受けても、ある意味では宣伝になる。朝から晩までテレビで取り上げられたら「食べにいってみよう」と思う人もいるでしょう。勝手な試算ですが、お金にすれば億単位の宣伝効果があったのではないでしょうか。他方、広末さんのほうは決まっていた仕事をいくつも失い、一部報道によれば違約金や損害賠償は億単位に上ったという話です。やっていることは同じなのに、女性の側にはあまりにもペナルティが重すぎて理不尽ですよね。

池田　そもそも、男女の不倫みたいなプライベートに世間が騒ぎ立てるのがおかしいよ。フランスなんて政治家が不倫しても誰も気にも留めないし、人間はいくつになってもエロティックに生きて当然だという考え方がある。真に悪いことをしている人間はたくさんいるから、不倫程度で世間はいちいち叩かない。今の日本はちょっと異様だね。

和田　マスコミは、凶悪犯罪でも精神科に通院歴があると容疑者の顔や名前を出すのを控えます。一方で、不倫しただけであれほどボロカスに叩くというのは明らかに異常です。人を殺すより不倫する有名人のほうが悪い、といわんばかりじゃないですか。

池田　日本だって江戸時代までは不倫など日常茶飯事、明治になっても大して問題視していなかった。それが明治の終わり頃、「萬朝報」という新聞が著名人の妾をすべて実名で暴露するという大キャンペーンを張ったわけ。それが理由かどうかは定かではないのですが、その直後に結婚した大正天皇は側室をとることをやめた。すると、「天皇陛下でさえ禁欲的であられるのに、平民ごときが愛人をもつなどけしからん」というわけで、〝他人の楽しみに難癖をつける文化〟が芽生えたわけですね。

和田　明治天皇には女官、側室が何人もいましたね。

池田　5人いて子どももたくさん生まれたけど、若くして亡くなった人も多かった。皇位を継承した大正天皇も、皇后ではなくて側室との間にできた息子。そういう背景もあって大正天皇は女官制度をやめて、昭和天皇がそれを引き継いで現在に至る。極端な話だけど、皇族がイギリス王室みたいにしょっちゅう不倫するようになれば、日本人の感覚も少しは変わるのかもしれないな。
和田　天皇が禁欲的で一夫一妻制を守ること自体は〝道徳的で美しい〟のかもしれませんが、古来、天皇にとって最大の「仕事」の一つは皇統を途絶えさせないということで、その意味では大きなマイナス要因にもなります。何といっても皇室の盛衰に直結する話ですから。
池田　天皇家は女の子が生まれやすい家系にみえるね。それに加えて一夫一妻、お世継ぎの母親になれるのはただ一人だから、そのプレッシャーたるや相当なものでしょう。その上、男子を授からなければ、かつての雅子さんのようにバッシングを受けてしまう。これでは人権も何もあったものではない。
和田　だからこそ、女系天皇を認めたほうがいいと私は思います。
池田　いずれにしても天皇は禁欲を守るのが当然で、愛人や隠し子がいたりしたら有名人は人殺しよりバッシングされる……近代以降の日本ではオスの元気を奪うような状況が長く続いてきたということですね。
和田　学校教育も「みんなと同じ」と「我慢」ばかりを押しつけるから、自分の意欲や欲望に忠実な若者は育たない。新しいことをやってやろう、というチャレンジ精神や冒険心が乏しくなると、脳の前頭葉が発達しにくいのです。そしてダメ押しは「エロは恥ずかしいこと」だという偏見にもとづくバッシング。これでは生きるモチベーションの薄い、しょぼくれた老人だらけの国になって当然です。

池田　しまいにはその年寄りから運転免許まで取り上げて、移動の自由まで奪おうとするのだからもう最悪。オスの元気を奪うどころか、去勢する流れになってきたね。

割り勘にしたがるオスは本能に背いている

和田　そうした「オスの去勢政策」が着実に効果を現してきて、日本社会をどんどん地盤沈下させていると私は思います。その最たるものが「デート代は男女で割り勘にすべきか」という論争ではないでしょうか。今の若いカップルの間では割り勘が当たり前らしいのですが、「デート代くらい男性が出すべき」みたいな呟きがＳＮＳでたちまち炎上したんです。それから「奢ってあげたくてもできないほどの生活水準なんだから仕方ないじゃないか」、「そんな甲斐性なしの男はやめておけ」といった舌戦が繰り広げられて、現代ニッポンの歪みがいろいろなかたちで浮き彫りになりました。

池田　確かに、ある意味で象徴的な話だ。

和田　私の勝手な定義ですが、オスというのは、メスの前ではちょっといいカッコしたい生き物。背伸びしてでも食事をおごったり、プレゼントをあげたりするのは当然なんです。それと、オスは攻める、メスは守りに入るという性質を本能的にもっていて、これと最も相反するのが「お金を貯め込むオス」。つまり、老後は最低でも2000万円必要らしいから若いうちからコツコツ貯めておこう、というのはオスらしからぬ行動です。もちろん、雇用が不安定で収入が低いなど不安要素がさまざまあることは理解していますが、たとえ経済的に貧しくても、かつてのオスにはもっと矜持がありました。「武士は食わねど高楊枝」ではないですが、好きな女性の気を引くために、ある程度は虚勢を張ることも必要じゃないかと思うんです。

池田　男女平等だからというのでチマチマ割り勘にするより、そっちのほうがオスらしいし、女性にもモテることは確かです。

和田　何から何まで男女対等でないといけない、というのが今の風潮ですよね。ジェンダー平等は無条件に素晴らしいことだといわれますが、男と女を完全に対等な存在として捉えると、当然ながら「オスらしさ」「メスらしさ」という男女の個性や強みが奪われてしまう。それは結果的に、多様性が失われることにつながると思うのです。
池田　まあ、「デート代割り勘」は日本の男が元気を失っていることを象徴する話題ではあると思うけど、個人的には若い頃から「その場で一番金をもっているやつが払う」という価値観の中で生きてきたので、男だから、女だからという区別はあまりないかな。
和田　それはそれで合理的ですね。
池田　でしょう？　だから養老孟司さんやタレントのマツコ・デラックスさんと食事に行ったらありがたくご馳走になって、学生たちと飲む時は僕が払う。30人も集まるとさすがに大変だから、一人1000円くらい払ってもらうこともあるけど、基本的に自分のほうが若い子より金をもってるわけだからね。そんな具合だと、学生にちょっと頼みごとをしても快く引き受けてくれるし、クラスもゼミも上手くいく。学生と飲み会をしてもきっちり割り勘、なんていうケチな先生だとそうはいかないよね。
和田　想像に難くありません。実はこれまで映画をつくる話があるたびに、お金のある人に出資をお願いしに回ることがありました。でも、お金持ちほど大半がケチなもので、しかもビタ一文出してくれない人に限って急に電話をかけてきて、「いい医者を紹介してくれないか」なんて言い出す。自分は出し惜しみしておきながら、相手にはしっかり要求を突きつける抜け目のなさ——でも、それでは周りに人が集まらないんじゃないかと思います。

池田　ケチな人には人は寄ってこない。金銭的なケチも、精神的なケチも同じだね。

和田　この資本主義社会における日本人の最大の勘違いは、実はそこにある気がしてなりません。本来はお金をもっている人よりお金を使っている人が尊敬されるべきだし、人だって集まってくる。そんなごく当たり前のことに気づいていない人が多すぎます。

池田　湯水のようにお金を使うと、品がないとか成金だとかいって、逆に叩かれるよね。

和田　大金持ちでお手伝いさんが何人もいるような豪邸に住みながら、お年玉は1000円しかくれないおじいちゃんと、年金暮らしで長屋住まいだけどポンと2万円くれるおじいちゃん、孫や子どもは後者のほうに集まってくるはずです。資産家といえばチヤホヤされがちですが、「ケチ」とレッテルを貼られた人のところには誰も寄りつかなくなりますよ。

池田　ケチくさい人と一緒にいても楽しくないもんね。

和田　そういう意味では、割り勘派の男性の増加はオスの野心の減退、リーダーや親分的なポジションに就きたい人が減っているということの表れかもしれません。

池田　かもしれないな。

和田　田中角栄は毀誉褒貶が多い政治家でしたが、一つだけ確かなのは、ケチではなかったこと。だからみんなが「オヤジ」と慕って集まってきた。最近は岸田総理もしかりでいかにも日本型の小粒なリーダーばかりです。単純に考えれば、集団で獲物を追いかけ回していた狩猟採集の時代は、みんなを束ねるのが得意な人が食糧の分配まで上手くやることで生きていた。現代社会は狩りを中心に回っているわけではありませんが、政治でもビジネスでもリーダーがセコかったら上手く回りません。「気前がいい」というのは、オスにとって求心力の一つでもあるんじゃないでしょうか。

池田　女性であっても人の上に立つ人はきっぷがよくて、気前よく人に奢るでしょう？オス・メス関係なく、そういう思い切りのよさはリーダーの条件だと思うね。

和田　たとえば日大の理事長で作家の林真理子先生。たくさん稼いでおられると思いますが、使う時には思い切り使っちゃうみたいです（笑）。

池田　政治家が小粒になったという話があったけど、人間同士の付き合い方もどんどんケチくさくなって、縮こまっている感が否めないね。もちろん、見栄っ張りの身の丈に合わない散財は本末転倒だけど、臨時収入があった時くらいパーッとおごる、そういう豪快さがリーダーには必要だよ。「江戸っ子は宵越しの金はもたねえ」とばかりに、その日に稼いだだけ使ってしまう、以前は世の中にそういうムードがあった。それが今の日本は、老後や病気が心配だからと、稼いだお金を必死に抱え込む社会になってしまった。これでは経済が回らないから、やっぱり景気が悪くなるよ。

和田　みんな守りに入っていますね。

池田　死んだらどうなるか、天国か地獄か知らんけど、どのみちあの世にお金なんかもっていけないわけだから、生きているうちに使ったほうがいい。豪遊しないまでも、子どもや孫に全部やっちゃう。まあ、うちはいくら気前よくしても寄ってこないけどね。

男の「老いらくの恋」、女の「おばあさん仮説」

和田　稼いだお金を死ぬまでに使い切る、大賛成です。ただ、人間は他にも「死ぬまでに……」と思うことがあって、その一つが恋でしょうか。人生の終末期に差しかかって恋愛に夢中になったり、子や孫ほども年の離れた女性のとりこになってしまったりする人もいる。こういう「老いらくの恋」についてはどう思いますか？

池田　老いらくの恋は、生物学的な観点でいえばオスにとっては全然アリ。というか、むしろごく自然なことだね。個人差はあるけど、男の場合は高齢になってもけっこう性的な能力があって子孫も残せるから、ピカソは10人の愛人と4人の子どもがいて、最後の子ができたのは68歳、80歳の時には34歳の女性と再婚している。『昆虫記』で有名なファーブルも72歳で子どもができて、91歳まで生きている。

和田　いつまでも子孫を残せることが、「オスの本懐」なんでしょうか。

池田　このご時世、こんなことというと怒られるだろうけど、自分の遺伝子を残すという意味ではそうだね。いくつになっても女の尻を追っかけ回してる、それがオスとしてはあるべき姿かもしれない。

和田　女性だって何歳になってもセックスを楽しむべきだと思いますが、自分の遺伝子を残すということではタイムリミットがある。遅かれ早かれ閉経を迎えますから。

池田　そこで女性が何をするかというと、孫をうんと可愛がる。孫には自分の遺伝子が四分の一は入っているはずで、その子たちを手塩に掛けて育てることで自分の遺伝子を確実に後世に残そうとしているのでは——これが、いわゆる「おばあさん仮説」だね。

和田　なるほど。一方、男の場合は、どんなに歳をとっても年下の女性との間に子どもをつくれば自分の遺伝子を二分の一は残すことができます。

池田　だから、歳をとると男のほうが女性より有利と思われがちなんだ。繰り返しになるけど、女性は閉経すれば自分の遺伝子の二分の一を残すことはできない。そこで四分の一の遺伝子を引き継ぐ孫に愛情を注ぐわけ。でも、男はいくつになっても女性に子どもを産んでもらえば自分の遺伝子の二分の一を残すことができる——じいさんが若い女性を追いかけるという現象も生物学的には正当化できるという話でね。ただし、自分が子どもの父親だと信じ込んでいても、二分の一どころか1パーセントも遺伝子が残っていない可能性もある。真実は神と母親のみぞ知る、ということだ。

和田　そういうこともあるから、人の世は面白いのかもしれません……。

遺伝子を残す戦略はオスとメスで異なる

和田「おばあさん仮説」というのは、他の動物にも当てはまる話ですか？

池田　微妙な質問ですね。野生動物が人間と大きく違うのが寿命だね。ほとんどの動物は閉経や性的能力がなくなると同時に寿命を迎えるから、孫を可愛がる行動などない。ただ、ゾウやイルカなどの長生きする動物については意見が分かれている。かつて「イルカは孫を可愛がる」という説があったけど、最近の論文では否定されているようだ。

和田　確かに、孫を可愛がる動物なんて聞いたことがありません。

池田　いずれにしても自分の遺伝子を残すという観点でみると、動物のオスとメスではかなり戦略が違っていて、その点では人間も同様だということ。もちろんその動物に特有の特徴もあって、たとえば人間の世界だと「中年、バツイチ、子持ち」の女性は若い男性からは敬遠されがちな印象があるでしょ？

和田「熟女好き」の男性もいますが、一般的にはそうですね。子どもが懐いてくれるかどうかわからないし、若い男性からすれば同世代の女性と付き合ったほうがいいと。

池田　それがサルの世界では逆で、「子持ちで年上」のメスがモテるの。子どもを産んだ経験のあるメスは次もちゃんと産める可能性が高いとみなされる。おまけに子育ての実績もあるので、オスにしてみれば、自分の遺伝子を残せる可能性が高い相手として惹かれるわけです。

和田　なるほど、合理的ですね。

池田　だから今の日本社会にある「若い女性ほどモテる」という風潮は、生物学的には理屈に合わないし、あくまで文化的なものにすぎない。若ければ若いほどいいという価値観の人が多いから、若い女にモテて、若い女と付き合うことが男のステータスになる。単純にいうと、周りに自慢できるというだけのことだね。でも、僕が50代後半の頃か、泊まりがけのフォーラムに仲間の大学教授が女子大生みたいな若い娘を連れてきて「新しいパートナーです」って周囲に紹介したら、みんな羨ましがるよりも「あいつ、どうかしたのか」という感じで、そう自慢できるものでもなかったよ。

和田　おじさんの集まりに若い愛人を連れてきて見せびらかす、あれはなぜですか。

池田　自慢だね。「オレはまだ現役のオスだ」というアピール。まあ、そういう男ほど浮気もバレやすいものだけどね。年配の男が若い女性を好きなのは、性的魅力を感じるのもあるだろうけど、他の男たちに自慢したい、男社会でステータスを得たいという心理が働いているんだと思うな。

和田　女性にも似たような面が――。

池田　あるね。イケメンと歩いていると他の女性に自慢できるから、なるべくカッコいい彼氏が欲しい、男性の場合と同じで周囲にマウントをとりたいわけだ。友だちに紹介したり、写真をみせたりして「わあ、カッコいい」と褒めてもらいたい。もちろん、全員がそうだというわけではないけれど。

和田　まさしく承認欲求ですね。

池田　サルの世界では元気な子どもを産めるかどうか、それでメスの「モテ度」が左右される。ところが人間は社会的な動物だから、パートナー選びの基準として性的欲求や自分の好みより社会的ステータスが優先される場合がある。つまり、その相手と付き合うと自分が世の中からどうみられるかが重要になってくるわけだね。

和田　ひと昔前の「三高」、つまり高学歴・高身長・高収入のように、社会的ステータスがストレートに男に求められた時代がありました。

池田　先日、昔からの知人たちの集まりがあって、「娘がすごい金持ちに嫁いで」という話で盛り上がっていた。家柄のよさ、タワマンに運転手付きの車での送迎とかいろいろ聞かされたけど、とどのつまりは、周りから「すごい」といってもらえる、自慢できるような男性を選んだという話なんだな。

和田　メスがオスにステータスを求める、そういう行動は人間特有のものですか？　サル山で「ボスのお気に入り」になったメスは、周囲に対してどこかマウントをとっている印象があります。

池田　マウントをとるということでわかりやすいのはニホンザルのオスで、自分より下位のオスに対してマウントをとる。普通、他のオスとのバトルの結果、その集団で一番強い個体がボスの座に就くわけだが、もう一つ大事なのはメスにモテるかどうか。メスから嫌われていると、どんなにケンカが強くても追い出されてしまうことがあるんだな。

和田　何とも、人間社会の片鱗をみるようですね。ちなみにボスザルから一番の寵愛を受けるメスというのはどのようにして決まるものですか。

池田　群れの中心に長くいるメスで、末っ子が多いね。サルのメスは、すべての子どもを平等に世話するわけではなくて、生まれたばかりの子どもを一番可愛がる。すると上の子は赤ん坊が生まれるたびにメスに放っておかれるから、どんどん自立してどこかへ行ってしまう。逆に末っ子は下にきょうだいができないから、末っ子がメスだとずっと親と一緒にいて可愛がられ、体もどんどん大きくなって、群れの中心的な存在になっていくわけ。そこで順位の高いオスに交尾をせがまれることも多くなるわけだ。

和田　メスはそれを断ることはできないのですか？

池田　なかなか難しい。相手が好きでも嫌いでも、順位の高いオスに交尾をせがまれると、やっぱり無下にはできないよ。中世の時代、絶対的な権力をもった王様に迫られた町娘が拒み通したら殺されてしまうかもしれないのと一緒。ただメスもしたたかで、順位の高いオスを受け入れはしても、生まれてきた子どもがそのオスの子かというと、必ずしもそうとは限らない。

和田　なんだか怖い話になってきました（笑）。

池田　サルのメスは発情するとお尻が赤くなるからすぐわかる。それをみたオスが交尾を迫るわけだが、排卵日まではわからない。しかし、どうやらメス自身はその日が妊娠するタイミングかどうかわかるらしいんだな。そういう日になると、メスは群れの縁へ行って、お気に入りのオスと交尾してその子どもを産み、あたかも順位の高いオスとの間に生まれた子であるかのように育てるんだね。群れのなかにいたら誰との子かなんてわからないけど、実際にＤＮＡ解析をしてみると、ボスの実子は思った以上に少ないそうだよ、サルの世界のことだけど。

メスによるシビアな品定め

和田　いわゆる「二股」のようなことは、動物の世界でもあるのですか？

池田　よくあるね。たとえばライオンの場合、「プライド」と呼ばれる群れを3匹くらいのオスが率いていて、その周りに十数頭ものメスがいる。プライドのオスは発情したメスと順番に交尾していくの。

和田　二股というより、乱交といったほうが近いですね。

池田　そうね。理由は、どのオスの子かわからなくするためだといわれている。ライオンのオスには「子殺し」という行動がみられ、自分の子じゃないと殺してしまう。群れを乗っ取った新顔のオスは、そこにいる子どもをすべて殺してしまうわけだ。残酷にみえるけど、そうすることでメスが発情しやすくなって、いち早く自分の子どもを妊娠させることができる。自分の遺伝子を残すために殺す、これも本能に組み込まれた行動だけど、乱交であれば誰の子かわからないから殺さずに済むし、「群れの子ども」として育てることができるわけだ。

和田　すべては自分の遺伝子を残すためなのですね。

池田　生物学的には、人間を含むすべてのオスはそうしたモチベーションに突き動かされているんだよ。とくにライオンの場合、自分の遺伝子を残せるチャンスがかなり限定的で、プライドのボスはただでさえ入れ替わりが激しいのに、少しでも老いたり力が弱くなったりすると、若いオスがやってきてあっという間にプライドを乗っ取られてしまう。そんなことになれば、自分の遺伝子を受け継ぐ群れの子どもは皆殺しにされちゃうわけです。だからこそ一刻も早くメスを発情させて、子どもを産ませて成長させないといけない。自分の遺伝子を残すためなら手段を選ばないのがオスというものだともいえるよね。

和田　その点、人間のオスはのんびりしたものですね。24時間365日いつでも発情できるし、女性が妊娠できる期間も他の動物よりずっと長い。

池田　その通りだけど、人間は一生のうちに産むことのできる子どもの人数が限られるからね。かのチャールズ・ダーウィン夫人のエマは10人の子どもを産んだし、昔の農家は子だくさんの家庭が少なくなかったけど、それほど多くの子どもを産み育てるのは女性にとってかなりの負担だ。だからこそパートナーのオスが自分や子どもたちをしっかり養い、守り続けてくれるか、その点を厳格に見定めるようになった。そうすることで生存確率を上げているわけですね。

我慢がオスの生命力を奪う

和田　生物というのはオスもメスも、自分の遺伝子を残すことに対してすごく貪欲でシビアにできていますね。であれば、人間のオスもメスもそうした本能に従い、もっと好きなように生きればいいのではないでしょうか。男は自分の遺伝子をバラ撒くくらいの勢いでエロく、女性も自分が望むなら同じように奔放になればいい。

池田　生物はそういうふうにプログラムされているからね。まあ、夫婦のように決まったパートナーがいる場合は、自分の好き勝手に生きるのは現実的に難しいけど、単身のご老人はもっと好きなように生きればいいと思うよね。

和田　そう考えると、人間の夫婦関係というのは生物としてはかなり特殊ですね。生活力があるか、周囲に自慢できるか、社会的ステータスが担保されるかなど、さまざまな条件のもとで男女が夫婦になり、やがて子どもが産まれて一人前に育て上げたあと、つまり自分たちの遺伝子を残したあともまだ一緒に居続ける。しかも多くの中高年カップルが、生殖のためのセックスも快楽のためのセックスもせず、死ぬまで一緒にいる。こういう生物は珍しいのではないでしょうか。

池田　子孫が残せなくなると寿命が尽きるという生き物が多いから、人間特有だね。

和田　少し前までは、夫は会社で働いて収入を得て、妻は家事や子育てに専念する家庭が主流でしたから、夫婦が一日中一緒にいることは少なかった。それが、夫が定年を迎えて子どもが独立し、朝から晩まで二人きりの生活になると、会話は弾まないし、互いの嫌なところばかりが目に付いて一緒にいるのが苦痛になったという話はよく聞きます。どの夫婦も大なり小なり問題を抱えているものですが、これぞ人間社会特有の現象でしょう。

池田　熟年離婚につながるパターンですね。

和田　それでもなんとか関係をよくしようと、数十年ぶりにデートの計画を立て、洒落たレストランで美味しいものを食べてもちっとも楽しくない。だけどお金の心配があるとか、いざという時に介護してくれる人がいないと困るなど、利害関係だけで一緒にいる。いわゆる仮面夫婦となってじっと耐え忍ぶわけです。でも、一緒にいてもぜんぜん楽しくない相手なら、我慢せずにさっさとパートナーシップを解消してもいいと思うんです。「人生は二毛作」くらいに考えて、それぞれ新しい人生を歩むほうがずっといい。実は「我慢」は脳にはすごく悪影響があって、前頭葉を使わないので老化が進んでしまいます。また、ストレスが免疫力を下げる。こういう我慢を続けていることが、日本の高齢者男性の元気を奪っているような気がしてなりません。

池田　そういう部分は少なからずあると思いますね。一方では、夫婦でいることが居心地がいいという男もいる。

和田　確かに、こればかりは人それぞれですからね。

池田　こんな話をするのは恥ずかしいけど、自分がまさしくそう。25歳で二つ年下のかみさんと結婚して52年、大学で教えていた時もあんまり学校には行かず、ほとんど家にいるか虫採りに行くか。早稲田大学にいた頃は週2回しか行かなかったし、教職をリタイアしたあとは朝から晩まで家にいるけど、一緒にいてまったく苦にならないの。まあ、あちらがどう思っているか知らないけど（笑）。

和田　奥さまとはどういう馴れ初めですか。

池田　僕の一目惚れでね、あんまりしつこいから、かわいそうに思って結婚してくれたんじゃないかな。まあ、それはそれで上手くいったからよかったけど。

和田　素晴らしいことだと思いますよ。池田さんや私ぐらいの世代は幼なじみや同級生と結婚する人がわりと多くて、あとは一目惚れとかインスピレーションで「この女性とは合うな」とピンときたら猛烈にアタックしたものです。でも、最近の若い男の子たち、とくにエリートと呼ばれる男性は一目惚れなんてほぼありえなくて、趣味が合うとか学歴が釣り合うとか、条件から女性を選ぶケースが増えている気がします。

池田　マッチングアプリがまさしくそれだね。自分の求める条件を一つひとつ打ち込んでいって、検索結果とにらめっこする。でもデジタルデータしかみていないから、条件がマッチした相手でも、実際に会うと「なんか違うな」となりがちだ。やっぱり人間もオスとメスだから、近くで言葉を交わすなかでフェロモンや波長が合ったりして、それがインスピレーション、一目惚れにつながるんじゃないかな。

和田　一目惚れは意外に相性がしっくりくるようですね。

歳を重ねるほど、女性に求めるもの

和田　私ぐらいの年齢になると、女性に対して一目で惚れるというよりも、気が合うかどうかを重視する人が多い気がします。つまり、一緒にいて楽しい相手。最近、医学部の同窓会があって、私は同期のなかでも落ちこぼれのはぐれ者だから、長いあいだ参加していなかったのが、「もう還暦過ぎたし、たまにはいいか」という軽い気持ちで行ってみた。すると、かつて教授に昇進したとか偉ぶっていた「勝ち組」の一人がすっかり丸くなって、いろいろと本音を語るようになっていたんです。

池田　わかる、そういう年代なんだな。

和田　そこで多かったのが離婚や再婚の話題。ある医学部教授になった男は2回離婚した後でまた再婚して、相手は高校の同級生。今、すごく幸せだとのろけていましたが、似たような話を他にもたくさん聞きます。やっぱり、見た目や若さより気が合うことのほうが優先されるようになるものですね。

池田　結局のところ、人間の場合は夫婦になるのに「条件」はあまり役に立たなくて、「この人となら上手くいくんじゃないか」というインスピレーションのほうが大事。結婚する時に僕は貯金ゼロで、就職せず大学院に進んだから収入もゼロ、そんな無茶な条件の相手とよく結婚しようと決断したもんだよね。学生にこの話をすると、みんな「勇気あるなあ」と驚くよ。

和田　学生はまだ子どもだからわからないでしょうけど、それが愛というものでは。

池田　今もいちおう上手くいっているから、女房は男を見る目があったということで

（笑）。

和田　そう考えると、マッチングアプリでは日本のオスは一向に元気にならない。

池田　現在の収入や趣味をデータでみても相手と気が合うかどうかはわからないし、先の人生がどうなるかもわからない。条件を支えるものなんて、あっという間に変わってしまうからね。そもそも人の一生は偶然の積み重ねで、その時は一番いい条件だと思ったとしても、その後どう転ぶかなんて誰にもわからないよな。

和田　そうですね。条件を理由に交際し始めるのは、その条件が満たされなくなった場合はお別れするかもしれないということでもある。それに比べて「気が合う」はそうそう変わらないものだと思います。

池田　やっぱり自分が一番面白いと思う相手、理屈ではいえないけど気に入った、この人となら上手くいくんじゃないか、そういう直感に賭けてみたらいいよ。あなたの結婚相手に相応しいのはこういう人だとか、世間はとかく「枠」にはめようとするけど、そんなものに惑わされていたら幸せにはなれないと思うね。

和田　おっしゃる通りで、「歳を重ねたらこうしないといけない」という枠組みもナンセンスです。リタイア後のように、世間の「枠」が外れるタイミングというのは逆にチャンス。それまで我慢してできなかったこと、枠の内側に留まっていなければと思って諦めていたことをどんどんやる。熟年離婚もその一つです。

池田　さっきからそこを強調するね。

和田　池田さんのように、一生涯のパートナーと出会える人ばかりじゃないですからね。これからもずっと一緒にいたいと思える相手だったらそれは本当に素敵なことですが、定年を迎えて一日中顔を突き合わせているのはつらいとか、この人の介護をすることを考えると暗い気持ちになるというような人は、その思いを抑え込むのではなくて、自分の気持ちに正直に生きてみていいと思うんです。

池田　年老いたら、なにも無理して嫌なことをする必要などないと。

和田「枠」がなくなるわけですからね。定年後は第二の人生とよくいわれますが、今や寿命が延びて一度目の人生ぐらいの長さになりました。それまで仕事や子育てでやりたいことを我慢してきたのに、それと同じほどの年月をさらに耐え忍んで過ごすなんて馬鹿げていませんか。たとえばどうしても浮気がやめられない男性がいたとして、還暦過ぎても浮気がやめられないなら、残りの人生は特定のパートナーをつくらず、「つまみ食い」するほうが幸せでしょう。老いても芸者遊びを続けた永井荷風のように……。

「結婚できない」の言い訳とは

池田　そこにはお金の問題もあるね。とくに女性の場合、こんな亭主と一緒にいたくないと思っても、離婚すると食べるに困ることも少なくないでしょう。だから、こんな男の介護など心底うんざりだと思いながらも、新たな一歩を踏み出せなかったりする。これは気の毒だよ。

和田　最近はそういう女性でも離婚しやすくなっていて、年金が分割できるようになったことが、熟年離婚が増えた決定的な理由です。60代の女性が働ける場もかつてに比べて増え、人手不足が深刻な介護職では外国人でも高齢者でも現場で働き、フルタイムであれば年収300万～400万円くらいにはなります。加えて年金もあるわけですから、新生活を始めるのはけっして難しいことではない。もちろん、勇気のいることですが。

池田　覚悟さえ決めれば一人でもどうにかやっていける世の中ではあるから、嫌いなやつのメイドみたいになってストレスを抱え込む必要はないですよね。

和田　それと、「男が女を食わさなきゃいけない」という古い価値観をいまだに背負っている人が多いですね。今、男性の生涯未婚率は約28パーセントといわれていて、アンケート調査で真っ先に挙げられるのは経済的理由。要するに、金がないから結婚できないと考えている男がたくさんいるということです。でも、先ほどの話ではないですが、貯金ゼロに収入ゼロでも惚れた相手と結婚する人もいる。「金がない」を「結婚できない」の言い訳にしているような気がしてならないのです。

池田　「男が女を食わさなきゃいけない」は、結婚相手を条件で選ぶことを恥ずかしげもなく肯定する価値観なんです。日本の若い男たちは「女を養う」という条件をクリアできないという自信喪失もあいまって、どんどん元気がなくなっているのかもな。

和田　日本衰退の原因の一つがここにあると私は思います。「どうせ俺には結婚なんて無理だ」「自分は条件を満たしていない」と自らを卑下して一人で納得したつもりでいる。謙虚といえば聞こえはいいですが、「身の丈に合わせて分相応に生きる」というある種の諦念が過剰なまでに蔓延っている。「金も仕事もないけど君と結婚したい」と情熱だけで突っ走るような男がものすごく減っている気がします。いいじゃないですか、分不相応でも。

池田　金もないのにプロポーズなんて、若い頃の自分がいかに厚かましいやつだったか、今さらながらよくわかった（笑）。

和田　今の日本の男に足りないのはまさしくそれです、身の丈に合わなくても自分はこれがやりたいんだ、と言い切れる厚かましさ。日本が元気になるためには、「厚かましい男」がもっともっと増えるべきなんです。

メスを敵に回してはいけない

池田　「厚かましい男」に対して、ごく常識的で控えめで、分相応のことしかしない慎重な男性というのは、女性からみて魅力があるのかね。
和田　モテる男というのは総じて図々しいものです。街中で、一見さえない中年の男性が、モデルみたいな女性を連れて歩いていたりしますが、外見はともかく実は会社をいくつも経営するようなすごいお金持ちかもしれない。ビジネスでもスポーツでも、何がしかの成功を収めている男性は、オスとしての図太さ、他のオスから頭一つ抜けたメンタルの強さみたいなものを持ち合わせていますよね。
池田　そこはオスにとって大事な部分だね。動物の世界では、「その他大勢のオス」に埋没してしまうと、メスからは見向きもされず交尾のチャンスもない。子孫、つまり自分の遺伝子を残せない以上、ただ消えていく存在になってしまうからね。

和田　その点は人間も同じです。みんなと同じ生活をして、同じことをいって、同じ行動をとるような男はまずモテませんね。そういう意味では、「ＳＤＧｓは大嘘」だなんて大胆なことをズバズバと発言する池田さんはモテるんじゃないですか。

池田　確かに講演会に足を運んでくれて、終わったあと「一緒に写真を」とか「サインを」というのは、男性はあまりいなくて中高年のご婦人のほうが多いかな。まあ、僕の場合はいつ死んでもおかしくない年寄りだからね。和田さんのほうこそ、ベストセラーになった『80歳の壁』（幻冬舎新書）は、女性読者がすごく多いと聞いたよ。

和田　こちらもシニア女性ですね。たまに若い女性から握手や写真を求められても、聞けば「母がファンです」って。以前、受験勉強法について本を書いた時は読者の8割が男性でしたが、高齢者に向けた本を出したら、女性のほうが「和田さんの主張、変わっていてとても面白いわ」といってくださる。おばあさんのヒーローみたいですが、ありがたいことです。

池田　そういうのはままあるね。僕も、『ホンマでっか⁉ＴＶ』をみてファンになりました、といってくれる人はほとんどが歳を重ねた女性。テレビや本で周囲と違う発言をしていると、「この男は面白いかも」と興味をもってくれる女性が少なくないのかも。
和田　女性にファンになってもらえるかどうか、実はこれ、男にとってはとても大事なことです。メスに好かれるか嫌われるか、それ次第でオスの立場は大きく左右されますから。
池田　サルの世界も同じで、どんなに喧嘩が強いボスザルでも、群れのメスザルたちから嫌われた途端、引きずり下ろされちゃったりするね。人間界でもタレントや政治家みたいな「人気商売」の男性は、性的スキャンダルとかＤＶなんかがすっぱ抜かれると、女性の反感を買ってたちまち危うい立場に追い込まれる。女を敵に回してはダメなんだよ。
和田　よくわかります。受験勉強本の男性読者がいつまでも私のファンかというとそんなことはない。なかには「和田先生のおかげで東大に入れました」と声をかけてくれる子もいましたが、それは受験勉強のメソッドへの感謝であって、私自身のファンというわけではありません。でも女性ファンの場合、何かのきっかけで私の本を気に入ると、その後も新刊を買ってくれることが多いようです。一種の固定ファンですね。
池田　そう、男と女のファンは明らかに違う。僕にも男性読者はいるけど、それは僕のファンというより僕の理論のファンなんだね。35年ほど前、『構造主義科学論の冒険』（毎日新聞社）という難しい本を出したところ、そのなかで僕が提唱した理論に共鳴する人たちがいて、その代表格が哲学者の西條剛央さんだった。彼はこの本を読んで影響を受け、自分で新しく構造構成主義という考え方を生み出した。こういう形でのコアなファンというのは女性には多くないかもね。
和田　西條さんの場合はファンというより、池田さんのお弟子さんみたいな存在ですね。
池田　そうかもしれない。大学で教えたわけでもないのに僕の理論がえらく気に入ったらしくて、一時期は僕の研究室に居候するほどだったからね。今ではエッセンシャル・マネジメント・スクールを主宰していてお弟子さんが大勢いる。僕もときどき呼ばれて顔を出すけど、西條さんの師匠ということでリスペクトの眼差しを向けられるの。それは僕への尊敬ということではなくて、あくまで僕の理論への尊敬なんだね。

モテる男はズラし上手

和田　男が男を慕うというのは、理論や考え方に共鳴することが多い。一方、女性は男性に比べると、理論や考え方よりも直感で「この男は面白い」と見極めている気がします。

池田　確かに、握手や写真をもとめる女性ファンに、構造主義がどうしたとか難解な専門書を読んでいる人はほとんどいないからね。易しい内容の本を読んだり、バラエティ番組でみかけたりして、「調子がよくて面白いことを喋るオヤジ」という感じで興味をもってくれているわけだから。

和田　面白い話をして女性が笑ってくれる、大事なことですね。前に『老いの品格　品よく、賢く、おもしろく』（PHP新書）の中で、「品のある老人」「賢い老人」「面白い老人」の3つのカテゴリーに分けて魅力的な老後の生き方を紹介しましたが、歳をとればとるほど重要になるのが「面白い」という要素、センス・オブ・ユーモア。これが欠けていて説教臭い高齢男性は、賢くて品があってもまず女性にモテません。

池田　つまんねえこと、当たり前のことしか喋らない男と一緒にいても楽しくないよ。

和田　ですから、自分はモテないという自覚がある男性はまず一歩踏み出して、ちょっと人と違うことをやってみるとか、物事を違う角度から眺めるのを心がけるといいのではないでしょうか。もちろん、身だしなみや清潔感を蔑ろにしてはダメですけど、モテる戦略としては重要なポイントだと思います。

池田　同感だな。ただ、人と違うことをやるにもさじ加減は大事だね。あまりにぶっ飛んでたら、理解されるどころかドン引きされる。

和田　そのバランスは案外難しいですね。人気のお笑い芸人はこれが絶妙に上手くて、プロにいわせると、笑いというのは「ちょっとだけズラす」からこそ引き出せる。そのズラし加減が腕の見せどころなのだそうです。

池田　話が上手な人もそうだね。あまり突飛な話をすると誰もついてこられないから、誰でも知っているような話題やモノなど、共通項として理解してもらえる前提を用意したうえで、ちょっとだけ切り口を変えて話をすると面白味が出てくる。

和田　面白い男はズラし上手、ということですね。

池田　これには理解力のディレイ（遅れ）が関係しているんだな。理解できる範疇で少しだけズレた話を聞くと、「へえ、考えたこともなかったけど面白いな」と感じやすい。一方で、あまりにもぶっ飛んだ話をされるとフリーズしちゃう。つまり、聞いている側がちゃんと理解できる「範囲」を意識しないと、面白い話にはならないんだね。プロの芸人や話し上手な人は、相手の理解力、それから現在進行形での理解度を読みとりながら「ちょっとズラす」ことができるわけ。それは確かにモテるよね。

和田　売れている作家や面白い評論家も同じで、距離の取り方が絶妙に上手い。たとえばジャーナリストの竹村健一さんも、やっぱり多少「ズレて」いたからこそ話が面白くて魅力的でしたが、今ではそういう人もごく一握りです。ワイドショーのコメンテーターも、まったく差し障りのない当たり前のことしかいわないから、単なるお飾りでしかない。

池田　だから最近のテレビはつまらない。自らテレビに出ておきながら、テレビをみることはほとんどないな。

和田　わかります。私もテレビはみませんから。

医者と結婚したい女性は何をするか

池田　モテたいなら人と同じことをやってもダメ。その辺の意識を変えないと、いつまで経っても女性から「面白い」なんて思われないですな。

和田　行動を変えることが大事ですね。意外かもしれませんが、私は男性読者から「どうすればモテますか?」という質問を受けることがよくあって、「男が少ないところに行け」とアドバイスしていました。

池田　なるほど、理にかなってる。

和田　たとえばプロポーションの整った女性と付き合いたいなら、モデル事務所のマネージャーになる。ああいう業界は一人のマネージャーが何十人ものキャストのスケジュール管理をするから、一人ぐらいは変わり者がいてデートできるかもしれないでしょう。

池田　モデルみたいな女と付き合いたいなあ、とぼんやり考えているよりはよほど成功の確率は上がるでしょうね。

和田　先ほどの話のように、メスと交尾するためにわずかな可能性に賭けてアクションを起こすのが本来のオスの姿でしょう。でも、残念ながら今それをしているのはむしろ女性の側。たとえば「医者と結婚したい」という女性はすごく多くて、玉の輿を狙う人も後継ぎの婿を探す開業医の娘さんもいますが、そういう女性が医者と合コンを繰り返すかというと、そんなことはしない。大学病院の医局秘書になるんです。

池田　へえ、それはどうして。

和田　その名の通り医局で雇われている秘書で、基本的に大学病院の正規職員ではないので月給は12万～13万円ほどらしい。それでもこのポジションに就くのは、けっこうな確率で医者と結婚できるからです。大学病院で働く女性には女医やナースもいますが、非常にハードな職場なのでどうしてもカリカリしがちです。でも、医局秘書はパートタイマーのような立ち位置なのでおっとりとしていて、「先生、お茶どうぞ」なんて微笑みかけてくれたりする。おおかたの若い医師はコロッといってしまうわけです。

池田　なるほど、生物として賢いといえるかもしれない。理想の男性をつかまえるのに、わざわざ外の飲み会やお見合いパーティに行く必要もないわけだから合理的ですね。

和田　確率論で考えると、モテたいのならなるべくライバルが少ないところへいけば、競争して勝つ必要はなくなります。モテない人でもかなりの確率で相手が見つかる。

池田　確かに、女ばかりのところに男が一人ポンと入ると、大した男でなくてもモテやすい。僕が前に勤めていた早稲田の国際教養学部は女子学生が6割くらいを占めていた。だから、若い男の教師はだいたいみんなモテてたと思うね（笑）。

和田　池田さんだって人気があったでしょう。

池田　僕は当時50半ば過ぎだから、学生からみれば父親みたいな年齢だよ。でも若い教師は本当にモテたようで、「女性には不自由しない」と豪語しているやつもいた。「お前、気をつけないとクビになるぞ」と忠告したけど、彼は今どうしてるかな。

男は「女なら誰でもいい」？

和田　女性が戦略的に理想の男を捕まえようと行動するのに対し、概して男性は女性なら誰でもいいからとにかくモテたい、そういう感覚で行動する場合が多い気がします。そういう男女差は生物学的にも認められるものですか。

池田　哺乳類は基本的にみなそうだね。哺乳類の一つの特徴として、性的な決定権はメスが握っている。つまり、「このオスと交尾するかどうか」は多くの場合、メスが決める。

和田　人間も、出会いから交際までは男性側がリードしていても、セックスを許すかどうかは女性のほうに決定権がありますね。

池田　これは哺乳類に共通していて、オスは選ばれる側だからチャンスがあれば贅沢はいっていられない。つまり、オスはとにかく誰とでも交尾したがるものなんだな。

和田　ちょっと前のことですが、恋愛対象でない男性を遠ざける女性の行動に対して「負の性欲」という表現がなされて、ＳＮＳでバズったりしていました。好みでない、生理的に受けつけない男のことを「キモい」と嫌がって拒絶したりするのも、メスに選択権があることと関係しているのでしょうか。

池田　生物として優れた子孫を残すために男を選別している側面は否めないからね。アウト判定の男にはわずかでもセックスの機会を与えたくない。だから、強い生理的嫌悪感を抱くことで「アウト男」に近づかず、自分の遺伝子を守っているのかもしれないですね。

和田　女性側は男を選ぶ裁量、拒む裁量があるのに、男性側は選んでもらうしかない。だから、女性にモテようと奮闘する必要があるということですね。

池田　男を選ぶ権利というか、自主性が働くということだね。そもそも自然界ではメスは交尾なんてしたくないもので、オスが発情してメスの尻を追いかけ回すと、たいがいメスの側に逃げられる。オスは相手が誰でもいいから交尾したい、でもメスは自分の意志で交尾をしたいわけ。ただ、あんまり追いかけ回されるものだから、たくさんのオスのなかで、「こいつならまあいいか」という感じで仕方なく受け入れる。

和田　合コンで男性陣が女の子たちに、「世の中の男がここにいる連中だけになったら、誰と付き合う?」なんて情けない質問をしているそうですが、そういう究極の選択みたいな感じでメスは交尾を許容しているわけですね。なぜメスは交尾を嫌がるのですか?

池田　気持ちよくないから。それどころか、多くのメスにとって交尾は苦痛が伴うから。

和田　それは特定の相手との交尾ではなく、どんなオスであっても?

池田　うん。なぜかというと、たいていの動物のオスはペニスの先にトゲがあるんです。要するに、快感どころか痛くてたまらないわけだね。

和田　聞いたことがあります。船の錨みたいな形状をしたペニスもありますね。なぜトゲなんてものがついているのでしょうか。

池田　交尾の最中、メスが逃げるのを防ぐためだろうね。イヌもそうだけど、哺乳類の動物でオスが腰を振っている時に、メスがスタスタ逃げていくことがあるよね。あれはペニスの先のトゲが引っかかっていないからで、上手く引っかかればペニスが簡単に抜けないから、妊娠の確率を高めるわけだ。

和田　そうか、メスにとっては交尾なんて、逃れられない災難でしかないわけですね。

池田　「冗談じゃない、やめて」という感じだろうね。まあ、動物にとって交尾は繁殖のためだから、気持ちいいとか、相手が愛おしいだとかは関係ない。自分の遺伝子を残したくて交尾を求めるオスを、交尾が嫌で逃げ回るメスが仕方なしに受け入れるものということだと思います。

なぜ人間だけセックスが快楽になったか

和田　そんななか、なぜ人間だけが特殊な交尾をするようになったのでしょうか。

池田　問題はそこだよ。霊長類はペニスの先にトゲをつくる遺伝子を働かせるノンコーディングDNAという配列があって、チンパンジーや他の霊長類にもだいたいある。それがどういうわけか、人間だけなくなってしまった。霊長類のなかでもペニスの先にトゲがないのは人間だけなんです。

和田　だから、人間の交尾は苦痛ではなくなったと?

池田　膣が潤っていなかったりすると痛いかもしれないけど、セックスをする準備ができていたら女性側にも苦痛はないよね。だから、他の哺乳類のように露骨に逃げなくなったのかもしれない。

和田　動物の交尾は繁殖が目的なので、それが苦痛なものであってもそこまで大きな問題ではない。一方で人間のセックスの場合、女性の側の感じ方が些末な問題ではなかったから、オスのペニスにトゲがなくなったということなのでしょうか。

池田　厳密な話としてはわからないけど、やっぱり人間の脳の容量が増えたことは大きいと思うよ。チンパンジーの脳は400ccなのに対して、人間の脳は1380ccと3倍以上です。そんな賢い生き物で、オスのペニスにトゲがあったらメスは本気で逃げ回るよね。ただでさえ妊娠は心身に大きな負担がかかるし、子育てだってほんの数年で終わるものじゃないわけだから。

和田　だからこそ、セックスが快楽につながるように変化を遂げたのかもしれませんね。脳が爆発的に大きくなった人類のメスは、その先に困難ばかりが待ち受ける交尾を敬遠してしまう。ただ、交尾が気持ちのいいものとなれば話は違ってきます。

池田　そう。でも人間というのは確かに賢いけど、やっぱりバカな面もあってね。目の前に楽しいことや気持ちいいことがあれば、冷静に後先を考えられなくなってしまうわけだ。頭では太るとわかっていながら深夜にラーメンを食べる、この人妻に手を出したらのちのち修羅場になると頭ではわかっていても一線を越えちゃうとか。

和田　それと同じで、セックスが快感だからより積極的に子孫を残すようになった。つまり、快楽のおかげで人間は多くの子孫を残すことができるようになったわけですね。

池田　生物学的にいえば、人間の場合、自然選択は「セックスは楽しい」というほうに味方した。脳が大きくなったことでセックスが快感になったというなら、変態プレイもその一環かも。当たり前だけど、チンパンジーのオスがメスを縛ったり、ゴリラのオスがメスにぶたれて喜んだりなんてことはない。動物からすれば、こんな不合理で無駄なことはないわけだからね。

和田　なるほど、確かに。

池田　これも人間の脳が大容量になったことと関係があるようで、脳が大きくなると、それだけ多数のネットワークが張り巡らされて複雑化して、このネットワークのつながり方がこんがらかる場合がある。普通の人はペニスのような性感帯の回路と性的快感をおぼえる回路がつながっているのが、ムチで叩かれたりロウを垂らされたりすると、痛みを感じる回路と性的快感をおぼえる回路がヘンにつながってしまうわけだね。

和田　人間の脳が複雑になったがゆえのバグですね。たちが悪いことに一度でもそういう快感をおぼえると脳の報酬系が作動して、ドーパミンという神経伝達物質が大量に分泌されるようになるのでハマってやめられなくなってしまう……。

池田　依存症状態だね。警察に捕まって仕事も社会的信用も失うとわかっていても、下着泥棒や痴漢がやめられない人は、この報酬系で依存に陥っている可能性がある。

和田　もちろん、その種の犯罪行為は許されませんが、パートナーの同意を得た「変態プレイ」なら構わないでしょう。とくに高齢者は自分の心の声に耳を傾け、我慢しないことが脳の若返りの秘訣ですから、好奇心を抱いたことにはチャレンジすべきです。

池田　そうだね。犯罪はダメだけど、ある程度の年齢になったら世の中からどう思われるとか、つまらない制約など気にしないで、好きなように生きたほうがいいよ。女王様にムチで叩かれて幸せなら、叩いてもらえばいい。その一方で、ある意味でもっと変態的で複雑なのが、「社会規範やタブーを破る快感」かもしれないね。

和田　おっしゃる通りだと思います。

人間であるがゆえの「タブーを破る楽しさ」

池田　セックスが快楽で朝から晩まで夢中で続けても、いつかは飽きるという話をしたよね。でも、「不倫は絶対悪だから、神に誓ってそんな過ちはおかさない」という固い意思をもっていた人がつれあい以外の人に強烈に惹かれて、我慢に我慢を重ねたけど最終的に一線を越えてしまった、そういう経験はすごいエクスタシーではないかな。

和田　渡辺淳一さんの『失楽園』ではないですが、手当たり次第に不倫するタイプではないピュアで真面目な人が婚外恋愛をすると、とんでもないことになりがちです。

池田　そこが脳の面白さ、人間らしさかもしれない。世の中には、自分たちのセックスを他人にみてほしいというような性癖をもつ人がいるし、他人の排泄行為とか「恥ずかしいところ」をみると興奮する、という性癖の人もいるよね。

和田　まさに、この世は「多様性」に満ちていますから。

池田　いわずもがなで、それは人間に特有だよね。どんな動物も排泄や交尾を恥ずかしがったりはしない。動物園に行けば、周囲を気にせず平気でボロボロ糞を落とし、発情していれば交尾も始めるでしょ。餌を食べる時は、他のやつに横取りされないか警戒してコソコソしているけど、排泄も交尾もオープンだよ。

和田　排泄とセックスをコソコソ行う生き物は人間だけだ、と。

池田　その理由には諸説あるけど、一つには人間が自然界ではかなり非力で脆弱な生き物だということが関係しているといわれるね。たとえば人間はジャングルでのんびりウンコをしている時に猛獣に襲われたら一巻の終わり。セックスの最中は快楽で頭がバカになっているから最も無防備で、敵が近づいても気がつかない。人間にとっては「二大無防備な瞬間」だから隠れてコソコソ行うようになって、そのうちに羞恥心が生まれたということだろうね。

和田　では、さっきの自分のセックスを他人にみてほしいというような露出癖のある人は、そうした人間の生物的タブーを破っていることになるのでしょうか。

池田　タブーを破ることの後ろめたさがスパイスになって、より強烈な快感につながっている可能性はあると思う。ともあれ、セックスが気持ちいいのも変態プレイも露出狂も、みんな人間の脳が他の動物よりも異常に大きくなったことと引き換えに生まれた人間特有の性質ということだね。

擬似セックスをするサル・ボノボ

和田　他の動物のような繁殖目的の交尾から、快感が目的のセックスへ。では人間のようにコミュニケーション目的でセックスするような生き物はいないのですか。

池田　ボノボというチンパンジーに近縁のサルがいるんだけど、この種は少し人間に近くて擬似セックスみたいなことをするそうで、メスは互いの性器をこすりつけ合うし、オスは尻をくっつけ合う「尻つけ」という行動をする。

和田　セックスというより、イチャイチャしている感じですか。

池田　そうだね。メス同士では互いに性器を擦りつけるから、一種の相互オナニーのようなものだといえなくもない。ちなみに、この行為は「ホカホカ」と呼ばれ、当時京都大学にいらした黒田末寿さん（現・滋賀県立大学名誉教授）がボノボを研究するうちにこの行動を発見して命名したのだけれど、いいネーミングだよね。互いに性器を擦りつけているから「スリスリ」でもいいようなものだけど、ホカホカと聞くとなんだかほのぼのとした感じがして、ボノボたちが和気藹々と楽しんでいるイメージが湧く。

和田　確かに、そんな感じがします。

池田　食べ物をもらったお返しにホカホカ、喧嘩したけどホカホカで仲直りするとか、実際に群れのみんなが仲良く生活するためのコミュニケーションの一環としてやるそうで、他にキスやオーラルセックスなどもみられるらしい。

和田　性的なコミュニケーションで社会を円滑に回している、ということですね。

池田　だろうね。ただ、性的なコミュニケーションが密だと性病が流行ったりするとあっという間に広まってしまう弊害もあるけど。

和田　そこも人間と似ていますね。かつて世界的に流行した梅毒は抗生物質の普及で激減しましたが、最近ふたたび若い世代で梅毒が大流行しています。ＳＮＳやマッチングアプリで知り合った見知らぬ相手とセックスして梅毒をうつされ、それをさらに他の相手にうつしてしまったりして。

池田　人間もボノボも、そこはあまり変わらないのかもしれないね。

オスの行動と精子の動きはリンクしている

和田　ボノボの話を聞くと、人間のセックスも単なる生殖行為ではなくて、コミュニケーションのためなのだと改めて感じます。

池田　もともと人間のセックスには、一種のご褒美みたいなところがあるよね。ほとんどの男はいつでもしたくてしょうがないけど、女の人はそう簡単にはさせてくれない。でも、男が頑張ってプレゼントをくれたり、献身的な行動をみせてくれたりした時にセックスを受け入れてやる。この相関性は大昔からあるもので、男は狩りで獲物を捕まえてきてその肉を女に食べさせ、代わりにセックスさせてもらう、というのがもともとの前提だったわけだから。

和田　それは現代でも変わらないのかもしれません。ごく単純な言い方をすれば、男は仕事を頑張って給料を奥さんのもとに持ち帰り、セックスさせてもらっている。もっとも共働き世帯が過半数を超える今、状況はかなり変わりつつありますが、このギブ・アンド・テイクで成り立っている夫婦関係は少なくないはずです。それが、「必死に稼いでいるのに妻がセックスさせてくれない」となると男の側は内心穏やかではない。

池田　実際、セックスレスが離婚の原因になるという話だからね。

和田　だからといって、「夫婦だから一応セックスをしなければ」と義務みたいになると、そのうちうんざりしてきますからね。なかなかシビアなところがあります。

池田　だろうね。まあいずれにしても、オスとメスというのは性的にも非対称だから。

和田　男はセックスしたくてしょうがないけど、女はそれほどでもないと。

池田　もっと単純にいえば、「性」とは非対称な二つがくっつくということだからね。

和田　精子と卵子が結合する、有性生殖。

池田　有性生殖で最もプリミティブなのは、同じような大きさの同型配偶子がくっついて接合子になるやり方だ。要するに同じ大きさ同士でくっつくわけだから優劣はない。しかし、そのうち大きさに差がある異型配偶子になると、大きな配偶子のほうがたくさん栄養を溜め込んでいるから「モテる」わけだ。

和田　大きい配偶子は「売り手市場」で待っていればいいけど、小さい配偶子はあぶれます。

池田　誰も相手にしてくれないから子孫を残せない。「ならば」ということで自分から動くようになった、つまり運動性を獲得して突撃を始めた。それが精子。ただ、そんな小さくてちょこまか動くのが一匹いたところであまりに心許ないから、とにかく同じようなのをたくさんつくって突撃させる。それこそ下手な鉄砲も数撃ちゃ当たるという感じで、どれかは命中するだろうと卵子を目指して泳いでいくわけだ。

和田　つまり、オスがメスを追いかけまわすのは精子の動きともリンクしていて、遺伝的に組み込まれている行動だということですね。

「不倫」は生物学的には正しい行動

池田　その通り、精子は自分から動かないと子孫を残せない。それと同じで、オスがじっと待っていても都合よくメスはやってこない。仕方がないから自分から突撃するようになった。つまり自分から行動を起こす、これこそが本来のオスの起源だ。

和田　対してメスは、自分のところにくる相手を待って品定めするようになった。

池田　卵子は待っていれば向こうから精子が勝手に突撃してくるから、自らアクションを起こす必要はない。生物学的にいえば男と女の行動、生きざまみたいなものはちゃんと遺伝的に組み込まれているんだよね。男が口説いて、女は口説かれるのを待っている。で、「この男なら、まあいいか」となれば受け入れるし、「こいつはちょっと、アウトだな」という相手は拒絶する。こういう営みは生物としてナチュラルなもので、人間本来の姿だ。だからといって「肉食系女子」が不自然だというわけじゃないけどね。

和田　こういうと近頃はジェンダー平等を訴える人たちから、「性差別」とか「男女の役割を固定化している」とか叱られそうですが、人間も生物である以上、男女の行動に傾向があるのは仕方のない話ですね。

池田　そう、しょうがないの。最近世間を騒がせている男と女のトラブルなんて、だいたい生物学的には説明がつく。たとえば芸能人の不倫を騒ぎ立ててるけど、オスは基本的になるべく多くの相手と交尾したいわけだから、不倫自体は驚くような話ではない。繰り返しになるけど、自分の子孫を残すという意味ではオスはなるべくたくさん遺伝子をバラまいたほうが戦略的で、メスと交尾したところで生まれた子が自分の子かどうかわからないし、動物の大半のオスは交尾をしたらその場から立ち去って子育てはしないもの。だから、不倫する男は「人の道に外れている」なんてバッシングされるけど、生物学的にみれば理屈に合った行動をとっているわけだね。

和田　当事者同士の問題なのに、赤の他人がバカ騒ぎするのはナンセンスですね。とくに熟年夫婦の不倫や離婚なんて放っておくべきです。先ほどもいいましたが、加齢によって性欲が落ちるのは男性ホルモンが低下するからで、性欲を保てているのは恵まれたこと。高齢者が性欲を抑圧しすぎるのは脳にも体にもよくありません。

池田　そうだね。かえって不自然な気がしますね。

禁欲のフロイトと発散のユング

和田　新聞の悩み相談で80歳くらいの男性から「毎日のように自慰をする自分は異常なのか」というお便りが寄せられていて、気の毒になりました。周囲の誰にも相談できず、自分の性欲を責める。そんな高齢男性は少なくないと思います。

池田　自然な欲求を無理に抑え込むわけだから、精神衛生上よくないですね。欲求不満でイライラして周囲に当たったりするくらいなら、毎日でもオナニーして気分よく生きたほうがいいよ。

和田　おっしゃる通り、あまりに禁欲し続けると人間は理屈をこねがちになるんです。その代表格が心理学者のフロイトで、すべての心の病は性的エネルギーがおかしなかたちで鬱屈したものだと信じていました。

池田　いわゆるフロイト学派ね。

和田　フロイトは「生涯に愛する女性は一人だけ」というくらい、禁欲的な人でした。ただ、そういう人が考えた理屈だと聞くとちょっと見方が変わりますね。

池田　性的なことを抑圧されると、抑圧された分だけ普通より性的な妄想が膨らみやすいから、それだけセックスに過剰な意味づけをしたがるんだと思うな。

和田　フロイトがまさにそうで、自分の禁欲生活が行き過ぎてセックスを過大評価している気がします。一種の「こじらせ」といいますか……。

池田　戒律に従って禁欲を続けている宗教者、あるいは男子校や女子校に通う学生なんかが、共学の学生にくらべてエロティックな妄想をしがちだというのと同じですね。

和田　フロイトと対照的なのがユング学派で知られるユングです。次から次へと見境なく女性を口説いて、患者にまで手を出し、挙句の果てに奥さんと愛人を一緒のベッドで寝かせていたという逸話まで残っている。実に放埒で型破りな男でした。

池田　フロイトと逆の意味で、ぶっ飛んでる。

和田　ユングにとってセックスは日常であり、根源的欲求や性的なこと、いわゆるリビドー（性衝動）とは無関係、それよりも無意識が大事だと唱えたわけです。学問的なことはさておき、フロイトとユングはどちらも長生きしましたが、どちらがより幸せな高齢者になるかというと——禁欲していろいろな妄想をめぐらせて悶々と生きるより、好き勝手に発散して理屈をこねずに今を楽しむほうがずっといい、私はそう思います。

池田　禁欲は、体だけではなくて心に影響する部分もかなり大きいということだよね。話は少しずれるけど、去勢すると生物としては長生きする。これは飼われているネコやイヌをみても明らかだけど、どうやら人間も例外ではないようで、中国の皇帝に仕えた宦官、つまり去勢された男たちもそこそこ長生きだったそうだね。

和田　男性機能を捨て去ることで長生きしても……という感じもします。まさに池田さんが書かれたように、エロ抜きで長生きしてもしょうがない。

池田　それで長生きできるといわれても、なんだかつまらないよね。人間はエロがあって当たり前の存在だから、それを妙に意識しすぎると、ややこしいことになる。

和田　かなり厳しく性を抑圧していた人が何かのきっかけで解放されると、それまで抑えていた欲求が暴走して、とんでもない行動をとってしまうことがありますね。

池田　わかるよ。たとえば、長いこと堅実に家庭を守ってきた主婦が、ふとしたきっかけで婚外恋愛にハマってしまう。40、50代以上のそういう女性の色気というのは……僕も若い頃に誘惑された経験があるけど、それくらいの年頃は体つきだけでなく、表情や目つき、喋り方のトーンまでがエロティックになっていくことが多いからね。

和田　女性は閉経すると男性ホルモンが上がるので、性欲が増す人もいます。個人差がありますが、いくつになっても性欲の強い女性もなかにはいる。有名な話で、江戸の名奉行・大岡越前守が「女はいつまで性欲があるのか」と老母に尋ねたところ、彼女は黙って火鉢をかき回したという。つまり、女性は灰になるまで性欲があるものだと。

池田　周囲にいわないまでも、高齢でも性欲旺盛な女性は昔からいたんだろうね。

和田　男性も女性も、性欲があるのは何ら恥ずかしいことではありません。他人を困らせたり警察の厄介になったりしなければ、欲望に忠実に生きていいと思いますね。

池田　とくに還暦近くにもなれば妊娠の心配もないわけだから、性欲のある人はもっと奔放に性を楽しめばいい。

「我慢」で前頭葉は萎縮する

和田　ただし、男性の場合、頭では性欲に忠実に生きたいと思っても、体がいうことを聞かなくなりますね。

池田　勃たないことにはどうにもならない。

和田　そこで私が興味をもったのが、先ほど話にあった、体の衰えに反比例して心のエロ度がどんどん上昇していくという「エロ度一定の法則」でした。
池田　あれは若い頃、研究室に入り浸っていた女子学生と一緒に考えたの。
和田　女子学生のアイデアが反映されているんですか？
池田　僕の研究室にくる女子学生にはユニークな子が多かったけど、ずいぶんマイペースな子がいてね。朝、研究室に行くと、コーヒーを淹れてくれながらヘンなこと聞いてくるの。たとえば「先生ぐらいの歳になっても、朝勃ちしますか」とか「男の人は、毎日オナニーしないと気が済まないんですか」とかね（笑）。今なら逆セクハラになりかねないことを平気な顔で聞いてくる。それに答えるうちに、その「法則」の話になったわけさ。
和田　ずいぶんフランクな関係性ですね。脳の若さ、体の若さを保つために「エロ度」を意識的に、一定に保てるように意識する。高齢者にとってすごく大事なことです。
池田　歳をとると筋力や臓器は衰えて当然と思われているけど、脳も老化する、という事実はあまり意識していない人が多いかもしれないね。

和田　そうなんです。実際にアルツハイマー病の患者の脳を解剖すると、海馬や前頭葉が萎縮しています。海馬は記憶を、前頭葉は思考、感情、行動、判断などをつかさどっていて、人間が人間らしくいるために非常に重要な部分ですが、前頭葉は使わないとどんどん萎縮していきます。専門的な言葉でいうと、廃用性萎縮が起きてしまう。

池田　逆にいうと、意識して使っていれば活性化される、と。

和田　その通りです。ちょっと繰り返しになりますが、前頭葉を使う上で最も効果的なのが「したいことをする」ことです。池田さんや養老先生のように我を忘れて夢中になれる趣味をもっている人たちは、いくつになっても前頭葉が刺激され続けるので、当然、脳も活性化しています。それが、何もやりたいことがなかったり、あるいはやりたいことを我慢し続けていると、脳の働きはどんどん鈍くなり前頭葉も萎縮してしまう。性欲もそうですが、「老いたら自分の欲求に従って自由に生きるべき」という私の主張は思いつきではないわけです。

池田　なるほど理にかなってるね。なんでも好きなことをしなさい、といわれてまず頭に浮かぶのはエロだという人、多いよね。人間らしいというか、生物らしくていいよ。

和田　人間いつかは終わりが訪れますから、何事もいつまで続けられるかわからない。エロに限らず、興味があるならできるうちに、恥ずかしがらず楽しんだほうがいいと思いますね。男性ホルモンが多いというのは判断力や筋力を高めることでもあるので、ご高齢なのに性欲が強いというのは、むしろ喜ばしいことです。

嘘の起源

池田　そういう欲求を抑え込んじゃうのは、人間としても動物としても不自然だよね。
和田　人間は嘘をつくし、とくに男女関係においてはいろいろな嘘がつきものでしょう。こんな不自然なことをしている動物は他にいるのでしょうか。
池田　いないね。嘘に関しても、起源はセックスにあるんじゃないかな。さっきも話したけど、メスはオスが突撃してくるのを待って相手を値踏みする、要するに選ぶ側だ。選ばれる側のオスは、動物ではメスをめぐってオス同士で喧嘩したり、威嚇しあったりとコトが起こる。でも、人間の場合はメスに食べ物をあげたり、守ってあげたり。言葉が発達してからは甘い言葉をささやいたり、頼りになる、信用できる男なんだとアピールをするようになってきたわけだ。

和田　女性から選ばれるために、必死にプレゼンする。

池田　そう、それで女性側も必死に見極めようとするよね。セックスさせて子どもができた途端に逃げて他の女のところへ行ってしまわないかとか、自分や子どもをちゃんと食わせるだけの能力があるか、病気になったりした時にちゃんと助けてくれるか……男の側も女性の厳しい審査をパスすべく理想の男を演じるわけだ。セックスしたいから。

和田　確かにそこには嘘も混じっていますね。女性を口説いているうちは高価なプレゼントや用意周到なデートで優しいふりをしても、いざ手に入れた途端に冷淡になる、「釣った魚に餌はやらない」みたいな男もいますから。

池田　それが嘘の始まり。快楽でセックスするようになってから、人間は嘘をつくようになったんじゃないかな。

和田　でも、女性も男に嘘をつきますよね。男女関係はキツネとタヌキの化かし合いみたいなところがあるような気がします。

池田　男の嘘の大半はセックスしたいがゆえのパフォーマンスだから単純だけど、女性のつく嘘は巧妙だよね。けっこう根深いところからきていると思う。動物のオスは交尾して自分の子孫を残したいからメスが排卵している時にピンポイントで交尾したい。でも、メスの立場ではそれがまったく得にならないんだよね。

和田　オスが餌を分けてくれたり優しくしてくれたりするのが排卵の時だけだと、メスは面白くない。繁殖のために、都合よく利用されている感じがしませんか。

池田　だからメスはいつが「当たり」のタイミングなのか、わからなくしたいわけだ。するとオスもいつ「当たり」がくるかわからないから、メスに対してずっといい顔をし続けないといけない。でもね、これもさじ加減が重要で、何回も交尾しているのにぜんぜん子どもができないとなると、オスはそっぽを向いて別のメスを探して突撃しちゃうの。だからメスの理想的な戦略は「タイミングはわからないけど、私はあなたの子どもを生める可能性があるよ」とオスにアピールして期待させることになったわけ。いつが排卵日なのか、自分でもわからない女の人は多いと思う。

和田　自分で排卵日がわかると、それを意識して行動に表れてしまうかもしれない。でもわからなければ、オスに見抜かれるリスクもありませんね。

池田　要するに、オスからチヤホヤされるためにメスはそこまでする。そういう複雑な事情あっての嘘だから、能天気で浅はかなオスより遥かに巧妙。だから、単にやりたいだけのオスには太刀打ちできないよね。

「男女の非対称性」は生物学的な大前提

和田　こうしてオスとメスの違いを改めてみていくと、すべてジェンダー平等を貫くのは難しいですね。

池田　生物学的にはオスとメスは非対称的というのが常識で、人間も生物だから男と女ではどうしても非対称的になる。そういう生き物としての背景を無視して男女平等の理念だけで社会システムを変えていこうとすると、必ずおかしくなるよね。

和田　まったく異なる生物ともいえる男女を同じ土俵に立たせて、同じゴールを目指しましょう、というのでは上手くいくはずがありません。

池田　生物学的に間違っているから、上手くいかない。たとえば女性の社会進出を促すために会社役員や政治家を増やそうという取り組みがずいぶん前からあるけど、ちっともジェンダー平等が実現しないよね。それは女性に「男のように働き、男のように活躍しろ」とただ押し付けているからだと思う。これまで話してきたように、オスにはオスの、メスにはメスの生存戦略があって、それは遺伝的に組み込まれているわけだよ。それが今の社会では、もって生まれた資質なり得意分野を完全に切り離して「オス化したメス」、あるいは「オスっ気の強すぎないオス」のような人しか、組織の中では活躍できない状況がつくられている。これでは本来のオスらしさ、本来のメスらしさを強くもっている人たちはどんどん元気がなくなっていって、居場所を失ってしまうよね。

和田　非対称な関係の男と女を、対称どころか同じものにしようとしている。本来の生物としては真逆の方向です。

池田　もちろん平等はいいけど、平等だからなんでもかんでも同じにするのではなくて、もともと非対称なものだという前提に立って、互いにハンデを埋めていくことが大事でしょう。女性は妊娠して子どもを生む、それを社会全体でシステムとしてどうフォローするかという話ならいいけど、それもしないで「女性はもっと社会進出を」、「女も男のように働け」というのはあまりに無茶だよ。

第３章　ポリコレがオスを弱らせる

日本の「男女平等」にはバグがある

和田　巷でいわれる「男女平等」には、どうもバグがあるのではないか、そう感じる人は少なくないと思います。１９９０年代の初めにアメリカ留学していた頃、ホモセクシャルの心理学者が講演会で、「現在、male（男）、female（女）という枠組みのなかでfemaleが強くなったのは事実。でもmasculinity（男らしさ）、femininity（女らしさ）の文脈で考えると、今ほどfemininityがバカにされている時代はない」というんです。現代社会では、男らしい男や男勝りの女は活躍しやすいが、女性的な男性や主婦（夫）業や育児に専念することを望む人はとても肩身が狭い思いをしている。つまり、masculinityばかりが尊重される社会じゃないか、と。

実に的確な指摘だと感じましたね。「女性の社会進出が大事」といって、男性と肩を並べてバリバリ働く女性像がもてはやされますが、彼女たちがすべての女性の代表なのかというと……。

池田　まったく違うよね。

和田　高市早苗議員や丸川珠代議員など女性政治家も、「夫婦別姓に反対」と主張しながら、当人たちは当たり前のように別姓で政治活動をしています。masculinity がある女性は、法律が夫婦別姓を認めようが認めまいがどうでもいいのでしょうか。日本の男女平等にはどうもミスマッチがあって、女性たちが「男の土俵」に入っていって戦わなければいけないような仕組みになっている。これは間違っています。

池田　大問題だね。男女に限らず個人にはそれぞれの個性や強みがあるのに、それを無理やりなくしてしまおうという話でしょ。

和田　私は、明らかに消費不況に陥っている今の日本こそ、「男勝りの女」ではなく「女性らしい女性」をトップに据えたほうがいいと思います。いわゆる男っぽい経営者は、ボスとしてのカリスマ性やリーダーシップで社員を引っ張っていくので、生産性を上げる点では上手くいく。でも、強い男には他人の気持ちがわからない人が多いのです。

池田　それだと、消費者のニーズがみえにくくなるよね。

和田　今は女性が支持する商品でなければヒットしませんからね。これからは「女らしい女」の出番です。そもそも男の強み、女の強みをそれぞれ100パーセント出せるような仕組みがあってこそ、本当の意味で多様性のある社会になるはずです。そのほうがお互いにWin-Winでハッピーなのに、男子100メートル走のような競技に女性を放り込んで、「男女平等だから、男に負けないように走れ」と鼓舞したところで、そこで輝けるのは男らしい女性だけになってしまいます。

池田　若者言葉でいう無理ゲーだね。

和田　男女平等もそうですが、一般にポリコレは多様性を認めるように主張しながら、自分たちの考える〝スタンダード〟に合わない人を徹底的に排除したりします。これはダブルスタンダードだと思いますね。

池田　多様性を語るために「こうあるべきだ」という「べき論」を持ち出したりする。自分が正しいと思うことを他人に強いていながら、それこそが公正・平等だと思い込んでいる連中もいる。そうなると多様性もなにも、根本的にめちゃくちゃになる。
和田　一つの価値観しか認めない狭量さ、「右に倣え」のスタンスが逆に多様性を奪っていることになぜか気づかないのです。
池田　「自分は自分が好きなようにやる、他のやつにも干渉しない」という発想にはならないんだな。同性婚だって、相手が異性でも同性でも好き同士くっつけばいいのに、そうすると国のほうが「同性婚を認めると国の根幹が崩れる」なんて的外れの議論を始めてしまう。これも不寛容ですよね。
和田　多様性を謳いながら一つの価値観を押し付けるという点で印象的だったのが、新宿・歌舞伎町タワーのジェンダーレストイレです。一つの選択肢しか用意しないのは多様性に逆行していますし、「男も女も性的マイノリティもみんな同じトイレに入れ」というのはあまりに暴力的でした。
池田　結局、反対の声が多くて廃止されましたね。まあ、そもそもスローガンみたいなものを妄信するのは実はすごく怖いことで、「地球に優しい」とか「人権を守る」とか表向きはもっともなお題目でも、水面下では大きな利害関係が働いていたりする。それに気がつかない人はコロッと騙されます。

生物学では性自認をどう捉えるか

池田　これまでの文化や歴史を通じて、人間はどうしても見た目で男女を分けてきたんです。心や体がどちらの性に属しているのかよりも、外見が男か女か。心は女性だとしても、見た目がマッチョでヒゲも体毛もモジャモジャという人が女性用トイレや女湯に入っていったら大騒ぎになる。でも、肌がすべすべで化粧もして女性らしい服を着た男の人が女性用トイレに入っても、ほとんど気づかれることなんてない。

和田　生物学では、「体は女だけれど、心は男」という性自認ギャップをどのように捉えているのでしょうか。

池田　性自認は、文化や社会、育った環境とはあまり関係がなくて、脳の構造上の問題とされていますね。脳の視床下部に分界条床核と呼ばれる小さい領域があって、ここが大きいと性自認は男性、小さいと女性になるといわれている。だから、女性の体で生まれたとしても、この分界条床核が大きいと心は男性になるわけです。

和田　つまり、成長しても基本的に変わることはないわけですね。

池田　脳の構造の話だから簡単には変わらない。だから、「女性の体で生まれたけれど、自分は男だ」と思っている人は、基本的にはずっとそのまま。ある時を境に「やっぱり女かな？」って変わることは、通常は起こらない。

和田　逆に、男性として生きてきた人が、何かをきっかけに「自分の恋愛対象は同性かもしれない」と気づくこともありますよね。これはどう捉えたらいいのでしょうか。

池田　それは自認している性ではなくて、好きになる対象としての性ですね。さっき話した分界条床核の近くに前視床下部間質核という領域があって、ここが大きいと女の人を好きになり、小さいと男の人を好きになるといわれている。

和田　すると、肉体的にも男で、分界条床核も前視床下部間質核も大きい人は、体も心も男で女性を好きになるわけですね。それがすべて反対の場合は、体も心も女で男性を好きになる。この3点が揃った人が、性的に「ストレート」と呼ばれるのだと。

池田　生物学的にいえばそうなります。そのバランスがとれていないと、体の性と性自認、性的指向が一致していない状態になる。たとえばマツコ・デラックスさんは、公の場での発言を聞く限りは肉体的に男性で性自認も男性、分界条床核が大きいと思うけど、好きになるのは同性の人だから、おそらく前視床下部間質核が小さいのでは。

和田　レズビアンでも、男っぽい人もいれば女らしい人もいます。この場合、前視床下部間質核は大きいが、性自認を司る分界条床核の大きさがそれぞれ違うわけですか。

池田　おっしゃる通りで、生物学的には脳の構造でだいたい説明できます。

「心身の性の不一致」は自然なこと

和田　性自認を左右する脳構造は、いつごろ定まるものですか。

池田　母親のお腹の中で決まっちゃう。妊娠5カ月くらいの時期といわれていて、体の性は7週目から8週目くらい、つまり妊娠2カ月足らずではっきりするようだね。Y染色体にあるSRYという遺伝子がカギを握っていて、SRYが発現すれば体の性は男になる。SRYがないか、発現しなければ体の性は女になる。脳の性が決まる物質的な原因ははっきりしないが、決定される時期はずっと遅くなり、体の性と必ずしもパラレルにならない。分界条床核も前視床下部間質核も中間的な人がいるので、男と女の二分法は成り立たない。

和田　なるほど。だから性自認がはっきりするまでに時間がかかるわけですね。近年、LGBTQというふうに、体と心の性についての捉え方がどんどん複雑化していますが、生物学的にはとくに驚くような話ではないということですよね。

池田　そう、きわめてシンプルな話で、そういう脳の構造で生まれたというだけのこと。生き物としては自然なことだから、幸せに生きる道を前向きに考えればいいんだけど、日本で暮らしているとそれもなかなか難しいよな。欧州では自分で自分の性を決めることができるから、たとえ体が女性でも自分が男と自覚して男という性を選択すれば、社会でも男性として生きられる。性転換の手術までやらないとアイデンティティとして認めてもらえなかった日本とは大違いだよ。

和田　この国では、体を改造して初めて、「性が変わった」と認められてきましたよね。もっとも、先日の最高裁判決（2023年10月）では、「性別変更の要件としての性転換手術は違憲」との判決が出され、ヨーロッパなど海外でも大きな話題になりましたが。

池田　生物が本来もっている機能を奪っちゃうわけだから、僕にいわせたら犯罪みたいなもんだよ。女性の場合、卵巣もすべて摘出しないと戸籍を変えられないわけで、女性の機能を奪わない限り、「正式な男」として生きていけないというんだから、どう考えてもこれは傷害罪だ。

性別変更には性転換手術が必要だと主張する人の中には「ヒゲもじゃの男が〝自分の性自認は女だ〟と言い張って、女風呂や女子トイレに入ってきたらどうするのだ」という議論をふっかける人がいますが、性自認が女の人は見てくれもなるべく女に近づける努力をするので、マッチョな男で性自認が女だという人はみたことないですね。だから、ヒゲもじゃの男が、自分の性自認は女だと言い張って「女風呂に入れろ」といってくることはまずありえない。

和田　違憲判断が下されるまで、非常に長い道のりでした。

池田　ヨーロッパでもちょっと前までは同性愛を犯罪や精神疾患扱いする国があったし、中世では同性愛者が死刑になることもあった。それが時代の変化とともに徐々に社会に受け入れられて今や当たり前になったわけだから、日本もだんだん変わっていくと思いますね。

競争が子どもの自己肯定感を高める

和田　性の問題に関しては、日本はたち遅れています。ジェンダーフリーやSDGsなどスローガンだけは海外からいち早く取り入れるのに、だいたいねじ曲がった方向に行ってしまいます。

池田　昔から不寛容の度合いが高い社会だからね。マジョリティと違うヘンなやつがいたらいじめて排除しようとする、そういう土壌に価値観のうわべだけ移植しちゃうから、どんどんおかしな方向に突き進んでいくよね。でもって、一億総思考停止状態。

和田　私は、教育の現場が一番おかしくなっているような気がします。まず子どもの成績を張り出さなくなりました。友だちにニックネームを付けるのは禁止、外見を揶揄するようなあだ名はいじめにつながるからダメ。さらには「君付け」はジェンダー平等に反するので男女とも「さん付け」で、という指導も出てきました。

池田　馬鹿げてるよね。前に『平等バカ』（扶桑社新書）という本を出したけど、ひどくなる一方だな。

和田　これは私の持論ですが、学校の教師の仕事というのは、子どもたちにあらゆる競争の機会を与え、それぞれが何かしらの1位を取れるように背中を押すことだと思うのです。それなのに、子ども社会からことごとく競争を排除してしまいました。

池田　確かにそうですね。

和田　子ども時代に自己肯定感を高めることはすごく重要で、どんな分野でもいいから一等賞になる経験をさせる。たとえば、勉強ではクラスでビリでも１０００匹以上いるポケモンの名前を全部暗記しているとか、足が遅くて逆上がりもできない運動オンチだけどすごくひょうきんでみんなをよく笑わせるとか、あるいは立ちションしたらおしっこを一番遠くに飛ばせるとか、なんでもいいのです。他の子には負けない何かが見つかればそれが本人の個性になり、やがてはあだ名にもなったりするわけですから。

池田「おしっこ飛ばし競争」か、人気者にはなれるかも（笑）。女子には不評だろうけど、真面目な話、それこそが多様性だと思います。

和田　大切なのは、競争のベクトルをどんどん増やすこと。それが、今の小学校では平等の名の下に競争をほとんどなくしてしまい、すべての子どもを狭い空間に押し込め、同じ物差しで測ろうとします。評価されるのはその物差しに適合する子どもだけで、規格外の子は「みそっかす」扱い、これでは子どもがどんどん自信を失います。非常にいびつで「多様性」の片鱗も感じられない教育方針ですよ。

池田　でも、「とにかく平等」って騒ぐ割には、オリンピックで金メダルを獲るようなスター選手が出てくると、国民みんなで褒め称えてチヤホヤするじゃない？

和田　矛盾していますよね。

池田　みんな平等に扱っていたら、金メダルを獲るような子どもなんて出てくるわけがない。小さい頃から一つのスポーツに打ち込んでいるような「変わった子」が周囲の人間のバックアップを受けて、突出した「すごい人」に成長していくわけでしょ？

和田　平等と騒ぎ立てるのであれば、どんな子どもにも等しく、それぞれの得意分野で思い切り競争ができる環境を与えるべきです。子どもというのは、どんなくだらないことでも一番になれたら大はしゃぎするもので、そういう成功体験を積み重ねられるようにサポートすることが大人の責任ではないでしょうか。

池田　子どもって素直だから、自信がつくとグンと伸びる。藤井聡太棋士は小学校3、

4年頃までは将棋に負けるたびにオンオン泣いてたっていうね。それくらい負けず嫌いじゃないと勝負師にはなれないよ。でも今は子どもが悔し泣きしていたら、バカな教師がとんできて、理由も聞かずに「泣いてないで、我慢しなさい」とか言い出しかねない。今の学校って、平等のお題目のもとで子どもの才能を潰すことしかしないよな。

和田　藤井さんがとことん将棋に打ち込める環境を用意した両親、周囲の大人たちは立派だったということですね。

「置かれた場所で咲きなさい」の嘘っぱち

池田　日本の教育に足りないのは、「どんな人間にも一つくらいは取り柄がある」という眼差しじゃないですかね。もちろん、すべての人に才能があるわけじゃないけど、かくれんぼで絶対に捕まらないとか、面白い作文を書くとか、赤ちゃんをあやすのが上手いとか、長所を褒めてどんどん伸ばしてやればいい。好きなことを夢中になって続けていると、この分野だけは誰にも負けないぞっていう「変人」が現れることがある。

和田　いわゆる天才には、そうした類いが多いですね。

池田　常人には想像もつかない突き抜けたことをする、そういう人たちの行動が幾重にも積み重なって社会は進歩してきたわけでね。そういう変人を中心に、たとえば日本製の汎用ＡＩを作って世界に広めることに成功すれば、日本は再び工業技術国のトップに返り咲ける。

和田　そういう戦略がまったく取れていないのが日本の難点です。スーパーコンピュータの富岳のような、すでに完成した製品や競争の枠組みが決まった分野では、チームワークを重んじる日本人は粘り強く頑張って世界一を獲るところまでいける。

池田　野球のＷＢＣなんかもそうだよね。

和田　ところが世界では、今の枠組みのなかで勝負するより、自分たちに有利な枠組みそのものをつくろうという動きが盛んです。水泳やスキージャンプやスケートの世界では、オリンピックや国際大会で日本選手が好成績を出すたびに欧米側がルールを変えてきますよね。与えられたルールのなかでコツコツ努力する日本に対して、向こうはルール自体を変えて勝とうとする。要するにゲームチェンジを図るわけです。

池田　その典型がＳＤＧｓだよ。脱ガソリンで電気なんていわれたら、日本の自動車メーカー持ち前のエンジン技術の強みがいっぺんになくなっちゃうわけだから。

和田　実に狡猾ですが、「そんなのずるい」と不満や不平をいうだけでは、いつまで経ってもゲームに勝利することはできないし、パラダイムシフトを起こすこともできません。

池田　世界をガラリと変えちゃうパラダイムシフト、これは枠組みやルールの外側にいる変人がやることだ。日本にはもっと変わったことをするやつが必要だと思う。

和田　先ほどの話にもあったように、オスというのはそもそもアホなことにチャレンジする生き物で、アホなことをやる若い男がもっと増えなくてはどうにもなりません。

池田　生物というのは本来、ニッチを開拓することによって生き延びてきたんです。メジャーな進化論である自然選択説は、その環境に最も適応した種が生き残るという説だけど、もしそれが本当だったら、自然界ではみんなが同質化していくのが普通だと思うんだけど……。

和田　現実にはどんどん枝分かれして、さまざまな種が共存していますね。

池田　どうしてそうなったのかというと、突然変異して今いる環境に合わなかったやつは同じ環境にとどまらなかったから。つまり、自分に最も適した場所を探して出ていったわけ。それぞれが流動的に動き回った結果として多様性に富んだ種が存在している、これが「能動的適応」。

和田　ならば、日本人も能動的適応をしなくては。

池田　その通り、周囲に馴染めないと思うなら、そんな環境からはさっさと飛び出して自分が一番面白いと思う場所に身を投じりゃいい。

和田　馴染めない、苦しい、つまらない環境になんとか適応しようと我慢を続けていたら、身も心もボロボロになってしまいます。そういう話はよく聞きますが。

池田　置かれた場所で咲きなさい、とはよくいわれるけど生物学的には嘘っぱちです。講演などを通して若い人にずっと伝えているのが、自分にとって最適な場所を探すのが一番大事だということ。たとえば、最近はコロナ騒ぎが落ち着いてきたから、「リモートワークが認められず、出社勤務を命じられてつらい」と悩む人もけっこう多いみたいだけど、自分はリモートで仕事したほうが成果を出せると思うなら、会社なり上司に掛け合って、それで認めてもらえないならさっさと辞めちまえといっています。

和田　まったくもって同感です。日本の社会は、若い時の苦労は買ってでもしろ、石の上にも3年、みたいな風潮がいまだに強いですから。

池田　いかにも旧陸軍的です。

和田　時代錯誤ですよね。今、巷では「町鮨」のお店が淘汰されつつあります。高級寿司店を構えるほどの技量はないし、ネタを大量に仕入れることで安くて美味しい寿司を提供できるチェーン店にもそう簡単には太刀打ちできない、つまり町中で中途半端な寿司を出す職人が苦戦を強いられているというのですが、そういう中途半端な寿司職人でも海外に行くと、年収1000万になったりするわけです。

池田　それこそが能動的適応ですね。

和田　ただ、なにも海外まで行かなくても適応は可能なんです。以前、世田谷に住んでいた頃にいかにも中途半端な町鮨があって、ランチも1000円くらいで、庶民的といえば聞こえはいいですが、回転寿司と大差ない味で店内はいつもガラガラ。それなのにいつまで経っても潰れない。ずっと不思議に思っていたのが、ある時ようやく謎が解けた。この店、夜のかなり遅い時間まで営業していたんです。

池田　なるほど、寿司屋はだいたい閉めるのが早いですからね。
和田　しかも住宅街で夜遅くまでやっている飲食店がほとんどないから、お酒を飲んで帰ってきた人が気軽に立ち寄る。昼や夕飯時は閑古鳥が鳴いているのに深夜帯は一人勝ち、この店は他の寿司屋とは違う土俵に立つことで生き延びていたわけです。
池田　それも能動的適応だ。今の日本もそれをやらないと。
和田　みんなと横並びで同じことをしない。はみだす必要があるということです。

他人の恣意性の権利だけは侵害しない

池田　「はみだせ」といっても、日本人はなかなかそれができないんだね。「もっと好きなことをして、自由に生きろ」という話をすると、決まって反論がくる。「急に会社を辞めたらまわりが困る」とか「アホなことをやると誰かが尻拭いさせられる」とか、要は他人に迷惑をかけることを気にするの。でも基本的には好き勝手、自由気ままに生きていいと僕は思うんだよね。昔に出した『正しく生きるとはどういうことか』（新潮文庫）の中で、他人の恣意性の権利、つまり誰かの自由を侵害しない限りは何をしてもいいんだと書いた。どうして人を殺してはいけないか、それはその人が自由に生きる権利を阻害するからだよね。他人様のものをかっぱらっちゃいけないのと同じ道理。

和田　非常によく理解できます。

池田　ただ、ここから先が重要で、恣意性の権利は能動的なものに限られる。つまり、受動的な恣意性の権利はないのです。

和田　誰かを愛する権利はあるが、誰かに愛してもらう権利はないということですね。

池田　その通り、そんな権利を認めたら社会はめちゃくちゃになるよ。「こんなにも愛しているんだから、お前も俺のことを好きになれ」というストーカーのトンデモ主張を受け入れるのと同じことになっちゃうから。だから他人の恣意的な権利を侵害しない限りは、なんでも認めたらいい。法律なんてそのあたりだけ厳密にしておけば、あとは必要最低限でいいと思う。

和田　私も同じ考えです。法というのは本来、個人と個人の権利が対立した時に、「ここだけは守りましょう」という最低限のラインを示すことだけできればいいのです。

池田　そう考えると、日本は無駄な法律が多すぎるね。

和田　普通に生活していたらとても守れない、守る必要すら感じないルールが多すぎるのです。たとえば全国至るところに張り巡らされた制限速度30キロの道路ですが、実際に生活道路として使うドライバーの大半がスピード違反になってしまいます。

社会の実情とかけ離れた法律や制度で代表的なのが、75歳以上の高齢ドライバー全員に認知機能テストを義務づけたことです。でも一口に高齢ドライバーといっても経験や技術は人によってバラバラで、電車やバスのない田舎で運転免許証を取り上げられてしまったら、本当に生活できなくなる。これでは単なる高齢者いじめです。

池田　暴走老人とかレッテルを貼るけど、そもそも危険運転をするのは高齢ドライバーだから、という根拠がないからね。事故の件数なら若い人のほうが多いわけで、客観的なデータが存在しない。法の下の平等どころか露骨な年寄り差別は憲法違反だ。海外ではあんなことはできないと思うよ。

和田　そこなんです。しっかり統計をとった上での合理的な防止策ではありませんからね。世間の注目を集めるような悲劇が起きたからといって、たちまち社会全体のルールを変えてしまうような風潮はちょっとおかしいと思います。

池田　マスコミが「問題だ」って叫ぶと、大半の日本人はオウム返しに「そうだ、問題だ」となるよね。自分の頭で深く物事を考えたくないんだろうな。

コロナ禍であらわになった日本人の自己家畜化

和田　ファクトに沿わず、とかく「空気」で推し進めてしまおうとする。それが国の衰退にもつながっています。日本の医者が古い医学モデルに縛られているという話は先にもしましたが、それだけでなくて妙に押しつけがましいのです。たとえば、患者さんが手術を受ける際にはインフォームド・コンセントの手順を踏みますね。私にいわせればこれも相当いい加減なものですが、術前から術後までの流れ、成功した場合のメリット、想定されうるリスクなどについて一通り説明して本人の理解を得た上で同意書に署名してもらう。でも、普通の診療で薬を処方する時は「お薬を出しておくので、飲みきってください」の一言で終わり。服薬にもリスクはあるわけで、薬を飲まずに回復を目指す選択肢だってあるのに、飲むことが当たり前だといわんばかりに強制するでしょう？

池田　有無をいわせないですよね。

和田　しかも、平気で患者さんの自由を制限します。こよなくお酒を愛する80歳の老人に対して、「あなた、血圧がこんなに高いのにお酒を飲んでいるんですか。死にたくないなら今すぐやめなさい」と命令するわけです。つまり、本人の健康や命を守るためだといえば、ライフスタイルを否定し干渉できると考えている。「patient（患者）は我慢（be patient）するから patient なんだ」とのたまう医者もいるぐらいです。

池田　コロナ騒動がまさにそれだったよね。不要不急の外出は控えろといわれて、ワクチンやマスクが嫌だという人は「自己中心的」だの「人殺し」だのと、さんざん叩かれた。

和田　他人の恣意性の権利、自由を侵害することに対して罪悪感どころか葛藤すらもたない。それどころか、ごく当たり前のように推し進めるわけですからね。

池田　モラルがないというか、人の心がわかっていない医者が多すぎる。まあ、医者だけじゃないけど。

和田　移動の自由、営業の自由、会話する自由などは基本的人権の根幹をなすもので、これらが制限されるのは刑務所くらいです。

池田　そうそう、コロナ騒ぎの時は、みんなが刑務所にいたような感じだった。

和田　相当ひどい状況でした。たとえば中国で習近平の悪口をいって逮捕されて刑務所に入れられるとします。この場合、まず言論の自由や思想・信条の自由が侵害され、次いで体を拘束されて移動の自由が制限されるわけですが、コロナ禍の日本ではそういうプロセスをすっ飛ばして、いきなり移動と会話の自由が奪われました。

池田　確かに、中国をわらえない。

和田　私は、もしも中国が日本を侵略・占領したとしても、太平洋戦争後のGHQと同じような統治スタイルで、庶民生活はそれほど制限されないだろうなと思うのです。言論の自由は間違いなく侵害されるでしょうが、自由に出歩いたり居酒屋に行ったり、大人数で食事する自由までは制限しないだろうと。でも、コロナ禍の日本では平気でそういうことが行われました。コロナ禍でこそ、「他人の恣意性の権利」を侵害しなければ何をしても自由だ、という原点に立ち返るべきだったと思います。

池田　異常だったね。なんでもかんでも禁止するんじゃなくて、高熱が出た人は家でおとなしく寝ていましょう、くらいで十分だったよな。

和田　そもそも政府に人権意識が欠落していて、それを新型コロナウイルス感染症対策専門家会議という組織が政策で後押しした。要するに、権威ある医者が「これこれの手段で感染を広げるな」といえば、個人の自由を奪うことに何も感じなかったし気にも留めなかったわけです。

池田　そこが一番の問題だよね。欧州では、政府がロックダウンを命じても抵抗する連中が必ずいるでしょ。イタリアあたりでは、コロナ感染よりも人間らしく生きられないことのほうが嫌だといって、みんながみている前でキスしたり酒を飲んだりしている人たちもいたよね。日本でそんなことしたら「社会の敵」としてさんざん叩かれちゃう。健康だの国民の安全だの環境保護だの「錦の御旗」さえ立てれば、どんなにめちゃくちゃなことでもまかり通るんだよ。

和田　世論調査では、9割近い日本人が「コロナ対策のためなら個人の自由の制限は許される」と回答していました。とにかく命さえあれば、自由が制限されても、人としての尊厳が損なわれても仕方がないというのです。なぜこんな国になってしまったのか、とくに日本の男たちはどうしてみんなおとなしく従っているのでしょうか。

池田　やっぱり、日本人の「自己家畜化」が進んでいるからだと思うよ。
和田　自己家畜化？
池田　人類の歴史は自己家畜化の歩みとともにあるから、物理的な面で家畜になっていくのはしょうがないよ。狩猟社会でもなければ自分で自分の食料を確保するのは無理だから、分業化が進んで、稼いだお金でどこかの誰かがつくった食べ物を手に入れるようになった。他人からエサをもらって生きながらえる、その意味では現代人の大半が家畜みたいなもんだよ。ただ日本の場合、精神的にも家畜化した人が多いとは思う。自分で考えて動くより誰かにくっついて従っているほうがラクだ、という感じでね。
和田　確かに、定年退職した途端、抜け殻みたいになってしまう人がいますね。「社畜」状態から何十年ぶりに解放されたのに、いざ組織を離れて一人になるとどうしていいかわからないのでしょう。
池田　家畜をやっているほうが、心が落ち着くんだろうね。行動や会話の自由を奪われても、他人からエサをもらって「安心・安全」だと言い聞かされて生きていけたらそれで幸せ。それがほとんどの日本人なんじゃないかな。

和田　日本人はよく中国やロシアを言論の自由がない国だと下にみますが、これらの国にも思考の自由はあります。今でこそプーチンや習近平が怖くて国民は黙っているけれど、ひとたび失脚すればボロカスに叩くでしょう。一方、日本では言論の自由が認められていて、リアルな社会でもインターネット上でも政治の腐敗や失策について好きなだけ発言できるというのに、自民党が独り勝ちを続けている。誰かに強制されるわけでもなく、自ら思考の自由を放棄してしまっているとしか思えません。

池田　まさに精神的な自己家畜化だ。

和田　言論統制が厳しい国に住む人たちのほうが、実は頭の中は正常なんじゃないかと思ったりもします。常日頃いろいろな自由を奪われて不利益をこうむっている分、胸の内では「金正恩、ふざけるな」とか「プーチン、くたばれ」とか、相当な怒りが鬱積しているはずです。だから独裁を振るう権力者が失脚すると、いろいろな形で自由思想が花開くわけです。

池田　北朝鮮だって金一族がいなくなれば、だいぶマイルドな国になるだろうしね。その点、日本人は「天皇陛下バンザイ」と叫んでいたくせに、戦争に負けた途端に「民主主義バンザイ」とコロッと変わる。思想も何もなくて風の吹くまま、一番権威があるところになびいているだけなんだよね。

ポリコレに逆行するテレビ局の「顔採用」

和田　日本人はもっと思考の自由を大事にしたほうがいいと思います。もちろん、現実社会では人殺しはご法度ですけど、頭の中で「あの野郎、ぶっ殺してやりたい」と考えるのは自由でしょう。

池田　考えるのは自由だよ。誰もが聖人君子みたいには生きられないし。

和田　ところが、頭の中で「ぶっ殺してやりたい」と思うこと自体が汚らわしい、よくない感情なんだと子どもたちに叩き込むのが日本の教育の陋習《ろうしゅう》です。これは、すごく不自然なことだと感じます。

池田　昔は藁を人型にして真夜中の神社で五寸釘を打ち込んだり、そういう負の感情をあまり隠さなかったのにね。まあ、今でもこっそりやる人はいるみたいだけど（笑）。

和田　差別にしても、口に出すとか態度に表すなど行動で示すのは許されませんが、胸の内にどれほど差別的な感覚をもっているかは人それぞれでしょう。バカだのチビだのブスだの、みんな腹の底では好き勝手なことを思っているわけです。

池田　そうだね。実際、デブや見てくれが悪い男はだいたい女性にモテない。面と向かってはいわないだけで、明らかに差別を受けていると思う。

和田　ルッキズムはよくないとテレビはいいますが、各局のアナウンサーの大半が容姿で選ばれているのは明らかで、まさにルッキズムの最先端です。今のご時世、どんな企業でも、新入社員を容姿で選んでいることが明らかになれば世間のバッシングは免れませんが、テレビ局は悪びれもせず顔採用し続けているようです。

池田　自分のところの採用基準は棚に上げて、ルッキズムは社会悪だとキャンペーンを張るなんて、おかしな話だよね。本人の能力を総合的にみて選考しています、と言い訳されても説得力ゼロだ。だって、きれいな子ばかりだもの。

和田　隠しようもないですね。ややぽっちゃり気味の「水卜ちゃん」こと日本テレビの水卜麻美アナウンサーが採用された時には、日本のテレビ局も少しは変わってきたのかなと思っていたら、入社試験前は必死にダイエットして痩せていたらしいです。

池田　女子アナは美人でスリムでないと、ということみたいですね。

和田　それならもっと堂々と容姿で選別すればいいとも思うんです。昔は採用の応募条件に「容姿端麗であること」と書いてあったりして、まだ素直でした。

池田　芸能の世界はとくにそうだよね。映画スターの卵を募集する東映ニューフェイスも「顔で選んでます」といって悪びれなかった。

和田　そのほうがよほど健全だと思いますよ。建前ではきれいな言葉を並べ立てながら、裏ではそれと真逆のことをしている。こうしたポリコレの闇は陰湿かつ卑怯で、かえって個人の自由や尊厳を奪ってしまいます。

池田　同感。公平や平等に固執するやつに限って、裏では偏見が強かったり、弱い立場の人を下にみていたりすることが多いんじゃないかしら。

和田　局アナに限らず、新卒の学生たちは就職試験でエントリーシートや小論文など様々な課題の提出を求められて、気の毒になるくらいです。しかし現実には多くの有名企業で、「これくらいのレベルの大学がボーダーライン、そこから上の学生しか採用しない」というウラ基準があって、それより偏差値の低い大学の学生は書類選考の段階で落っことすような仕組みになっているのです。

池田　学歴フィルターね。あれは本当にかわいそうだよ。応募条件に「4年制大学卒」とあったら自分にもチャンスがあると思うもの。もともと採用する気がないなら、初めから「以下に挙げる大学の学生しか採りません」と公言すりゃいいの。

和田　本当に底意地が悪いですね。ポリコレ上、建前では「みんな平等に扱います」といいながら、裏ではコソコソ弱い者いじめをしているわけですから。

池田　むしろ、「当社は筆記試験で点数が高かった順に採用します」というやり方のほうが公平だよね。恨みっこなしがいい。

和田　今、医学部は82大学すべてで入試面接を実施していますが、たった数分喋っただけで医者に向いているかどうかなんてわかるはずがありません。こんな馬鹿げた制度はさっさと廃止すべきだと思います。

池田　試験官の側も、自分たちのいうことを聞きそうな無難な子を選ぶでしょ？　頭は切れるけど生意気だとか、薄気味悪い風貌だとか、ヘンテコなやつを避けちゃう。だから面接はダメだよね。

和田　高等教育だからこそ、本当はそういう変わった子を大事にしないといけないのですが……。

池田　いわゆる「教授のお気に入り」には、世の中をひっくり返すような研究や発見なんてできないと思うよ。そもそも大学は、自分で何か面白いことを考えてとことん突き詰める場所。教授の板書をひたすらノートに書き写していても仕方がないの。

和田　面接をそつなくこなす能力が高くても大して意味がない。やはり日本の教育は個性に対してとことん否定的で、それを潰すようなことしかしないのです。

池田　大学で教えていた時、シラバス（講師が学生に示す授業計画）を書けと上層部がうるさくてさ、仕方なく書いて提出していたけど、大学の授業というのは、即興のテーマでワイワイ盛り上がったりするのが面白いんだよ。計画通りに進めることがそれほど大事なら、家でシラバスだけ読んでりゃいい。

和田　実際にはシラバスを無視していたわけですか？

池田　大学に提出するシラバスは15年間ずっと同じものの使い回しだったから、中身なんて覚えてない（笑）。近頃は、大学の授業から偶有的なコミュニケーションがどんどん減ってしまって、建前的なやりとりばかりになってしまった。山梨の大学ではある教授が女子学生を「ちゃん付け」で呼んだのが問題にされたけど、そんな些末なことばかりにコストをかけているのはアホです。教師と学生の間に信頼関係があればどう呼ぼうが関係ないよ。僕なんか、男も女もみんな呼び捨てだったし。

アドラー「共同体感覚」の欠落とダンバー数

和田　私は、ポリコレ社会の問題の根っこには人への信頼がなくなったことがあると思います。アドラー心理学で有名なアルフレッド・アドラーがいう「共同体感覚」の欠落ですね。共同体というと、「仲間なんだから、みんなに合わせましょう」という同調圧力に聞こえる人も多いでしょうけど、本来は「仲間なんだから、いいたいことをいっても嫌われない」ということ。かつての日本にはそういう共同体感覚があったから、職場でセクハラっぽい発言やパワハラまがいのことが起きても、根底にはお互いの信頼関係がありました。でも、ポリコレ社会ではそれが失われてしまった。

池田　相手との間に絆があれば、バカだのアホだのいっても、問題となるようなことは起こらない。

和田　仲間同士のはずなのに互いの本音がわからない——これがポリコレ社会の温床ではないでしょうか。何をいったらアウトか、どこまでがセーフか、個人で判断がつかないからこそ、ポリコレという暗黙のルールに従わざるを得なくなってしまった。

池田　イギリスの人類学者ロビン・ダンバーが提唱した「ダンバー数」がまさしくそれだ。人間は150人くらいまでの集団なら他人の本音がわかるけど、150人以上になると意思疎通が難しくなっていろいろと揉めごとが増えてくるのでルールが必要になる。要は、ダンバー数以下なら明示的なルールがなくても、なんとなく上手くいくということです。

和田　それに従えば、小学校のクラスでルールなど決めなくても問題ありませんね。

池田　その通り、子どもなんて団子みたいにくっついて一緒に遊んでいるうちに「ああ、こいつはこういうやつなんだ」とか肌感覚でわかってくる。最初にルールなんか決めなくても上手くやるものなんだよ。それなのに、教師はすぐ規則をつくって従わせようとするよね。子どもが自分たちだけで上手くやっていくのを邪魔しているだけだよ。

和田　夫婦の間も、決まりごとをつくるとかえってギスギスして仲が悪くなるものです。ルールは害でしかないと思いますね。

池田　4、5人しかいない家族で「我が家のルール」を決めて壁に張ったりしてさ、「そんなアホなことやってるとそのうち子どもがグレるよ」って、よく忠告するんだ（笑）。一緒に暮らす者同士、本音で喋って楽しくやればいいのにね。

和田　正しいアドバイスだと思います。

なんとなくの空気、メディアと視聴者の罪

和田　他人を信頼することができないから、ルールに頼らざるを得ない。ただ、そのベースにあるのはまっとうな理屈や信憑性のあるデータではなく、日本人によくある「なんとなくの空気」ですね。

私は、たとえば原発に関する議論も同様だと思っていて、東日本大震災で原発事故が起きたので、他の原発もみんな危険だという話になりましたが、実際に問題が起きたのは福島第一原発だけです。女川原発はもっと震源に近くて13メートルの津波が押し寄せ

ましたが、まったくの無傷で避難所になっていたぐらいでした。では、なぜ福島第一原発だけがメルトダウンまで起こしたかというと、原子炉がすべてゼネラル・エレクトリック社（ＧＥ）によって設計されたものだったから。つまり、かなりの「型落ち」だったわけで……。

池田　老朽化しているのにほとんど部品交換もしなかったとか。

和田　ＧＥはすでに原発事業から撤退しつつあったので、部品の生産もストップしていて手に入らなかったそうです。そもそもアメリカ本国ではＧＥとウェスティングハウスではウェスティングハウスの原子炉のほうが安全性が高いということになり、アメリカではウェスティングハウス製が多い。そこでＧＥはアメリカの言いなりの日本に押し付けるかのように売り込みをかけ、関電がそれを断わり、東電の福島第一原発が引き受けました。

池田　福島第一原発のＧＥの話は知れば知るほどひどいね。大地震が起こるまで事故を起こさなかったのが不思議なくらい。

和田　本来はそうした経緯もしっかり踏まえた上で、原発は危険なのかどうかを議論しなければならないはずです。でも実際には、日本全国すべての原発が危ない、という実に短絡的でヒステリックな論調が目立った。とてもポリコレ的なムードを感じました。

池田　そこは同感だね。東日本大震災で他の原発がぶっ飛んでいないのは事実だから、テロでも起こらない限りは大丈夫なんだろうね。でも、日本で原子力発電を続けるのは厳密には危ないと僕は思ってるよ。

和田　やはり地震のリスクがあるからですか？

池田　南海トラフ巨大地震の可能性もあるしね。そもそも僕は、福島第一原発が事故を起こすずっと前から原発は危ないと批判し続けてきた。それは、共産党の議員が公表した福島第一原発のデータをみて「これはひどい」とわかったから。古くなった部品の交換もしないなんて、そのうちぶっ飛ぶぞと思っていたら本当にそうなってしまった……逆にいうと、裏でそういうめちゃくちゃなことをしていない、地震リスクも少ないフランスやドイツなら原子力発電をしても大丈夫じゃないかな。でもドイツは原発をやめたよね、資源もない国なのに。メガソーラーには手を出さないほうがよかったと思うけどね。

和田　池田さんのように、データを見比べて自分自身の頭で突き詰めて考えてから判断するのが当たり前だと思うのですが、大半の日本人は単にマスコミに同調します。そもそも福島で事故が起こるまでは原発政策に批判的な大手メディアは数えるほどで、それどころか、地球に優しいクリーンエネルギーだと神輿を担いでいたわけでしょう。それが3・11の後は態度が一転、ジャニー喜多川氏の性加害問題でも同じ構図をみせられて、「あなたたち、これまでいったい何をしてきたの?」といいたくなります。

池田　マスコミというのは本当に節操がないよな。

和田　ひとたび「みんなで叩いていい存在」ができると、寄ってたかって血祭りに上げますね。3・11の時には東電社員の給料が高いとか社宅が立派だとか、原発の危険性とはまったく関係のない話題まで持ち出して攻撃していました。それをいうなら東京ガスだって同じなのですが、「叩いていい存在」でないから批判されません。

池田　醜いね、ひがみ根性のようなものを隠そうともしない。

和田　それを象徴するのが「上級国民」という造語でした。この言葉を使う人たちは、自分たちを「中流階級以下」だと思っているわけですから。

池田　「あいつは悪だ、叩いていいぞ」となった途端に、総バッシングするんだよな。完膚なきまでに叩きのめして再起不能に追い込もうとするんだけど、こういう集団リンチってたいがい標的がズレているんだよね。

和田　本来、メディアや国民が批判対象としてしっかり監視していかなければならないのは、政治家や医者といった「権威」ですから。

池田　正反対に、日本人は権威にはめっぽう弱いからね。顔の売れた医者がテレビで「納豆を食べると血圧が下がります」と勧めると、翌日はスーパーで納豆が売り切れる。

和田　なんだか恥ずかしくなります。

池田　やっぱり諸悪の根源は新聞とかテレビじゃないかね。本当に大切な情報は流さないくせに、つまらないスキャンダルやスポーツの話題で朝から晩までバカ騒ぎして、広告費を稼ごうとする。ジャーナリズム魂のかけらも感じられないよ。

和田　ビッグモーターの不正報道の時もそうでした。最初に写真週刊誌『FRIDAY』がスクープしてから3カ月間も黙殺されていました。CMに相当なお金を使っていたビッグモーターは新聞やテレビにとっては大事なクライアントで、そう簡単には叩けません。ところが、損保会社による調査が公表された途端にボロカスに叩きだした。そこに燃料を投下するのがワイドショーのコメンテーターで、身も蓋もない言い方をすればあの人たちは〝感情の増幅装置〟なわけです。

池田　その通りですね。

和田　「これは許すまじき行為です」とか「心の底から感動しました」とか、当たり障りのない感想を述べて、自分では何も考えない視聴者を頷かせているだけです。

池田　昔、桂小金治という落語家がいて、ワイドショーの司会を務め、感情をあらわにして視聴者の共感を誘い、「怒りの小金治」とか「泣きの小金治」とか呼ばれていたけど、今のコメンテーターも何かことが起これば「けしからん」と怒ってみせて場を盛り上げる。視聴者も引っ張られて「そうだ、そうだ」となる。韓国のお葬式で、悲しい別れを演出するために雇われるという「泣き女」、あれに似てるよね。

和田　テレビのコメンテーターは泣き女――名言です。浅薄なマスコミに踊らされるがまま「これは大問題だ」「けしからん」と一緒になって騒いでいる限り、遅かれ早かれ日本人も「泣きをみる」ことになるのでしょう。

誰が「おじいさん」だと決めるのか

和田　本来、ヒトの生物としての寿命は38歳くらい。アラフォー以降は「オマケの人生」だから楽しく生きたほうがいい、と著書の中で書かれていましたね。

池田　子どもを育てているうちは、自立するまでやりたいこともいろいろと我慢して生きなければならないのが現実だけど、子どもたちが巣立った後は我慢はやめて自分勝手に楽しいことを探して生きたらいい、そういう話だね。

和田　まったく同感です。老いてようやく自由に生きられるのに、まだ我慢して生きている人が多すぎる。「オマケの人生」だと割り切って、もっと好き勝手に生きていいはずです。

池田　70歳なんて今の超高齢社会ではまだまだ若いほうでしょ。そんなに年寄り臭くなることはないですよね。

和田　今の70歳は昔の70歳とまったく違います。映画『砂の器』の中で加藤嘉さんが演じた老人、前に観た時はずいぶんおじいさんだなと思いましたが、調べてみると当時61歳。今の私の年齢よりも下です（笑）。

池田　確かに、今の70歳は昔の感覚では55歳ぐらいかな。そもそも「おじいさん」かどうかは自分ではなくて他人が勝手に決める部分もある。童謡の「船頭さん」に「今年60のおじいさん」という歌詞があって、60歳の船頭が船を漕ぐ時だけは元気になるという歌でね。養老さんが60歳になった時、数人でベトナムに虫採りに行って「裏の畑の養老さんは今年60のおじいさん。歳をとっても虫採る時は元気いっぱい網を振る」なんて歌っていたけど、誰も養老さんを老人とは思ってなかったな。

和田　昔は55歳で定年退職する社会でしたから、60歳というだけで、とうに第一線から引退した「おじいさん」と決めつけられることは多かったでしょうね。

池田　僕の伯父さんも55歳で定年になって、やることないから毎日釣りに行ってたな。

和田　今なら現役でバリバリ働ける年齢の人が自動的に仕事を奪われていたのは、ある意味、気の毒ですね。

池田　だから一律75歳以上を後期高齢者と決めつける社会は困りものだ。75歳でも第一線で活躍している人もいるんだから。

和田　「老人」かどうかは他人が決める部分もありますが、「自分も老人になったな」と感じる時は必ず訪れます。池田さんが老いをリアルに感じたのはいつ頃からですか。

池田　やっぱり75歳を過ぎてからだね。別にどこも悪くないんだけど気力が落ちた。

和田　やはり男性ホルモンの影響かもしれませんね。

池田　そうだね。それと、気力だけでなくて、歩く時にバランスが悪くなった。まっすぐ歩けるし少し速く歩くこともできるけど、ときどきふらつくの。養老さんもその年齢で似たようなことをいってたな。歩けるけれど50メートルぐらい歩くとしばらく休まなきゃいけないって。

和田　間欠性跛行《かんけつせいはこう》ですね。歳をとると多くなる病気で、閉塞性動脈硬化症という脚の動脈硬化によって起こる場合もあります。でも、それで老いを感じたからといって、他のいろいろなことができなくなるわけではありません。

池田　うん、相変わらずときどき虫採りに行って虫の標本をつくっているし、対談したり原稿を書いたり、なんだかんだといろんなことをしていますね。

和田　日本では、老人はあれもダメこれもダメとにかく制約しようとする。運転免許返納もしかりで、社会全体が老人には何もやらせない方向にむかっている気がします。

池田　余計なお世話だ。

和田　若くても年寄りみたいな人もいれば、老いていても元気な人もたくさんいる。実はこの個人差が、年齢を重ねれば重ねるほど大きくなるんです。

池田　子どもの頃は、クラスに足の速いやつも遅いやつもいたけど、その差はせいぜい秒単位。それが同じ70歳でも若い人に負けないぐらいピンピンしてる人もいれば、寝たきりの人もいるものなあ。

和田　なぜそれほど個人差が大きくなるのかというと、個々の事情を無視して年齢で区切って「それを超えたら高齢者」、という枠組みにみんなを押し込んでしまうからです。

リスクがあるとかいわれて禁欲的に生きていたら、元気な70代もどんどんしょぼくれてしまいますよ。

池田　乱暴に、年齢で線引きをすることで、日本社会が「老人」をつくりだしているわけですね。

「年齢の壁」をめぐる客観と主観の落差

和田　年齢の線引きといえば、『80歳の壁』ではないですが、池田さんは何歳だからあれができないとか、何歳までにこれを達成しようとか、「年齢の壁」を意識したことがありますか？　正直、私はまだそういう壁を感じたことがなくて。

池田　僕もこれまで生きてきて「壁」なんて気にしたことがないな。というより、自分の人生は無限だと思っていたぐらい。

和田　死んで自分の人生が終わりになる、というイメージがなかった？

池田　73〜74歳くらいまではそうだったけど、最近ようやく自分の人生が有限なんだなと感じるようになった。もちろんあくまで客観的な話でね、人間というのは誰しも頭では自分があと何年くらい生きられるかとか、自分の寿命はこんなもんだろうとか思ってるでしょ？　でも主観的には、自分が明日死ぬなんて思わないで生きているわけです。

和田　なるほど、そうですね。

池田　その証が虫の標本。客観的には、もうこの歳だから死後のことを考えて整理しないといけないはずだ。でも、整理どころかどんどん新しい虫を集めてしまうの（笑）。つまり、主観としては、僕はまだ自分の「年齢の壁」なんて感じてないんだよね。

和田　それでいうと、私の場合はワインですね。いつ飲むかもわからないワインに高いお金を払って買い集めるのは、主観的には自分の人生を無限だと考えているからなのでしょう。

池田　でも、それでいいと思うんだよ。人間というのは心と体の関係が深いから、自分の人生は有限だと思って生きていると、とかく病気になったり早死にしたりしてしまう。主観であっても自分の人生は無限だと錯覚している人、好きなことや楽しいことに打ち込んでいる人のほうが長く太く生きているよね。

和田　私の場合も池田さんと同じで、客観視した際には人生を無限だとは思わないで有限のものと考えています。どこかで自分の人生を俯瞰している感覚があって、いわば人体実験のように捉えています。

池田　自分の人生を実験台にして、何かを調べている？

和田　たとえば血管年齢はすでに90歳で、血糖値３００、血圧１７０で糖尿病、高血圧、心不全という感じで基礎疾患の塊です。こんな体で、好きなだけお酒を飲んでご飯を食べて何歳まで生きられるか、それを実験している感じですね。あと5年で死ぬかもしれないし、客観的な予想に反してあと30年も生きるかもしれない。つまり、「生きる」ことが実験なので、この実験にはいつか終わりがくるという意識があるわけです。

池田　なるほど、それはそれでいい生き方だね。ちなみに今おいくつ？

和田　64歳になりました。

池田　まだまだ若いから、あと30年は生きるだろうと思うけどね。

和田　ありがとうございます。新型コロナも3回陽性になりましたが、3回とも無症状でしたから、免疫力はまあまあ高いほうだと思うんですけど……。

池田　じゃあ心配ない。頭がしっかりしてる限り、人間なかなか死なないんでね。

和田　しかも、頭というのはそう簡単にはボケません。認知症が進むと、人のいうこともわからなくなるとかいわれますが、軽い認知症では普通の人と同じようにいろいろできるんです。かつて麻生太郎さんが演説で、「7万8000円と1万6000円、どっちが高いかアルツハイマーの人でもわかる」といって問題になりましたが、これはある意味で正しくて、たとえアルツハイマーになっても賢い人――麻生さんよりも賢い人はたくさんいます（笑）。

池田　人間というのは意外としぶとくて、頑丈にできているよね。僕も今77歳だけどなんだかんだでもう20年くらいは生きそうだし、養老さんも86歳でいつも「いつ死んでもいい」とかいってるけど、あの人も元気、もう10年ぐらいは生きそうでしょ？　そう考えると、人間ってなかなか死なないんだよな。

サーチュイン遺伝子と長寿の関係

和田　私が好きな養老先生の口癖があって、「世の中は理屈どおりにいかないと信じてるからね、僕は」。そういって話をはぐらかすところがありますね。

池田　確かに養老さんはよくいうね。

和田　何事も理屈どおりにはいかない、でもそこが人間のよさでもあると。本質的で重要なところを突いていると思います。

池田　そうだね、生き物なんて理屈に合わないことだらけだから。

和田　たとえば老化や寿命の制御に重要な役割を果たすサーチュイン遺伝子、いわゆる長寿遺伝子ですが、人間以外の動物は飢餓状態のほうが長生きするらしいですね。

池田　うん、人間も多少カロリー制限したほうが長生きするというデータもあるんだけど、カロリー制限はサーチュイン遺伝子を活性化するようです。一番有効なのは夜間断食ですね。細胞内で破損して機能しなくなったタンパク質を分解して再生するプロセスであるオートファジーは夜間断食の時に最もよく働き、これが若返りに有効なよう。オートファジーの研究では東工大の大隅良典教授がノーベル生理学・医学賞を受賞しています。

和田　飢餓や絶食状態でも寝ている間に働く機能、まさに細く長く生きるという感じですね。でも人間だけはその理屈に合わなくて、生活習慣や食事の異なる世界各国で調べてみたら、ＢＭＩが25〜30ぐらいの小太りの人のほうが長生きしているという結果が出ています。だから、人間は他の動物よりも飢餓ストレスに弱い生物なのではないでしょうか。

池田　そうかもしれませんね。カロリー制限するにしても必要な栄養素は摂らないと無意味で、厳しいカロリー制限で長生きしようとしても、かえって早死にすることが多いようです。

和田　では、サーチュイン遺伝子の働きと飢餓と長寿の関係は――。

池田　サーチュイン遺伝子が何をしているかというと、要は余計な遺伝子の発現を止めているのね。本来は肝臓の細胞なら肝臓に関係するタンパク質だけつくればいいわけだけど、人間は老いてくると、肝臓の細胞なのに肝臓に関係のないタンパク質までつくり出してしまう。だからいろいろとおかしくなるわけ。

和田　老化で遺伝子が暴走し始めるわけですね。

池田　それを止めるのがサーチュイン遺伝子で、これが活性化すれば細胞が正常に保たれる。つまり、それだけ長く生きられるということ。

和田　遺伝子の発現を止めることが長寿につながる——納得ですね。アルツハイマーにしても、脳の細胞がいらないタンパク質をつくるようになるのが元凶とされています。

池田　人間は2万個くらいの遺伝子をもっているけど、一つの細胞の中ではほんのわずかな遺伝子しか働いていない。余計な遺伝子が働くとおかしくなる。つまり、健康長寿のためには、実は遺伝子の働きを制御するほうが遥かに大事なんだよね。

和田　では、サーチュイン遺伝子が他の遺伝子を制御する機能、これは飢餓状態のほうがよく働くということなのでしょうか。

池田　そういわれているけど、実際のところよくわからない。ショウジョウバエやマウスの実験では確かにそういう結果が出ているけど、人体で試したわけではないから。

和田　そんな人体実験、倫理的にできませんからね。

池田　うん、「研究のために12時間断食してくれ」なんて人権侵害、できるわけない。ただ、おっしゃるように、人間は飢餓ストレスに弱いだろうね。これだけたくさん食ってるから、「食わない」というストレスに対して他の生物よりも耐性が低いんじゃないかな。

老いは「一つの病気」という仮説

和田　池田さんは、そもそも人間にとって「老い」とは何だと考えていますか。

池田　生物学の世界では「老い」は病気だという仮説があります。歳をとったからがんや動脈硬化になったり、次から次に病気が見つかったりするのではなくて、老化そのものがまとめて一つの病気であると。そういうかなり興味深い説をデビッド・A・シンクレアが『LIFESPAN（ライフスパン）：老いなき世界』（東洋経済新報社）の中で書いているよね。

和田　聞いたことがあります。

池田　さっき和田さんが、年寄りの病気は全身にくるから診療科が個々に分かれているのは問題だと話していたけど、シンクレアもまったく同じで、病気ごとに個々の病院にかかってちょこちょこ治そうとしても無駄、老化は一個の病気だからまとめて面倒みないとダメだと主張しているわけです。

和田　深く共感しますね。

池田　老化が一つの病気であるとの仮説には異論もたくさんあり、僕自身も多少無理筋かなとは思いますが、日本に足りないのは、老化を一つの大きな括りとして全体の問題に対応する視点であることは間違いない。

和田　現代医学の臓器別診療で高齢者を診ると、本格的な病気ではないにせよ、いろいろな臓器が少しずつ衰えていくわけだから、臓器別で受診するとなんだかよくわからないうちに治療や処方薬の数だけが増えていく。そういう問題が起きないように全体をつなぐものが、おそらく栄養やホルモンだろうと思うんです。

池田　「老化全般」を診てくれる病院、老化方面の専門家がいれば、だいぶ違うと思うよ。年寄りは病院に行くと、「朝晩にこれを飲んで」「食前食後はあれを飲んで」と山ほど薬を処方されるでしょう。トータルでみたら明らかに薬の飲み過ぎで、きちんと全体を診て判断してくれる医者が欲しいよね。

和田　全体的なところを診てくれる医者というと、いわゆる町医者やかかりつけ医のイメージですね。池田さんも子ども時代には地域の町医者、住民の全身の健康状態を診てくれるようなお医者さんが必ずいたと思うんです。

池田　親子で世話になってたよ。
和田　そのイメージがあるから、高齢者はよく「昔から世話になっている医者が安心」、「近所のかかりつけ医に相談する」と考えるわけです。でも実は大きな誤解なんです。
池田　そうなの？
和田　本当の意味での「町医者」というのは、もうほとんどいないのです。年齢的には私の世代くらいの医者が最後じゃないでしょうか。
池田　町医者が育たない体制になってしまった、と。
和田　そうです。いわゆる臓器別診療が始まったのが今から50年くらい前のことで、今は内科の開業医でも、前職は大学病院や総合病院の呼吸器内科部長のような立派な肩書がついていたりします。
池田　肩書はすごいけど、結局、専門領域の臓器しか診ていないわけか。
和田　その通りで、町医者だから安全で患者さんの全身をバランスよく診てくれるかというと、けっしてそんなことはありません。

権威にとらわれる町医者よりAIがマシ

和田　本当の意味での町医者ほど、大学病院で権威的な医師から叩きこまれる知識には惑わされません。

たとえばチェルノブイリにも行った鎌田實先生はもともと全共闘の闘士で、「白い巨塔」の世界には入らず、医者になってすぐ諏訪に行って長らく地域医療に携わってこられた。それから川崎幸クリニックの杉山孝博院長も大学の臓器別診療には最初から入らず、川崎の高齢化率の高い町で在宅医療に取り組んで、以前は６００人ほどを往診されていたそうです。30年でも40年でも地域医療に携わるような、現場主義の医師にめぐり会えるかどうかが大きいのです。

池田　よくわかります。昔の町医者といえば村に一人しかいないような医者で、同じ患者を何十年も診察し続けて、病歴、性格、食生活からライフスタイルまでよく知っているから、顔をみれば具合のいい悪いもたちまちわかった。それが最近の医者ときたら、患者の顔もみないでパソコンの画面とにらめっこでしょ。

和田　そうですね。権威に従うだけの医学、「お上」の理屈に逆らわないだけの町医者なら診てもらわないほうがいいし、ＡＩのほうがマシなのでは……。
池田　ＡＩには巨大なビッグデータの蓄積があるから、その辺の町医者よりもいいかもしれませんね。
和田　日本には依然として今はまだＡＩに医療を任せるのが怖い、人間のほうが安全だという風潮がありますね。「今」でしか判断しないのは日本人のよくないところです。
池田「今より、未来」を見据える想像力がないんだろう。
和田　医学の世界では、今は正しいとされていることが10年、20年後もそうだとは断言できません。ＡＩ医療がものすごい勢いで進化していけば、やがて人間の医療を追い抜きます。落合陽一さんの話では、ＡＩの国語力が人間に追いつくのは２０２６年と予想されていたのが、２０２３年で追いついてしまったという。この対談の文字起こしも、近い将来は余分な話を削って整理するといった、構成までしてくれるようになるでしょうね。
池田　ＡＩはビッグデータを組み合わせるのが人間より格段に上手いから、文章作成にはちょうどいいだろうね。たとえば僕の本を全部読みこませたビッグデータから、池田清彦は次はこんなことをいいそうだと予想してＡＩが原稿を書き下ろしてくれる。本人が忘れていることまで書けるよね。しかも日本語の文法ってわりと型が決まっているから、つなぎ合わせればそれなりのものになる。まだ内容は陳腐だけど、ＣｈａｔＧＰＴなんてけっこうまともな文章をつくるよ。

和田　そうしてＡＩが進化すれば、生活のサポートもできるようになります。たとえば認知症の人は、スーパーで同じ商品ばかり買って溜め込んでしまうことがありますが、冷蔵庫に何が入っているかＡＩに覚えさせておけばいい。また同じものを買いそうになるたびに、腕時計型のＡＩが「それは昨日も買いましたよ」と教えてくれるとか。

池田　それはいいね。高齢者の家にはＡＩが常備されていて何かと注意してくれたら、オレオレ詐欺に引っかかる人も減るだろう。

人間よりＡＩと結婚したい男が増える？

和田　ＡＩがついた車椅子に乗って、どこへでも一人で出かけられる日がくるかもしれません。最近では車の自動運転が実用化される方向で、運転席に座っているだけで目的地に連れて行ってくれたり、道路に子どもが飛び出してきたら急ブレーキをかけて避けたりするくらいのことはできるようになりつつあります。もっと頭を柔軟にすれば、これだけの超高齢社会なのだから、その技術を車椅子に搭載したって構わないでしょう。

池田　ＡＩというのは、人間自身の機能を拡張させるんだよね。パソコンでいうと外付けハードディスクで、ＡＩを利用することで人間の脳の容量が少しばかり増えるわけだから、記憶のような分野をＡＩにカバーしてもらえばいい。頭がボケて毎日同じ料理をつくってしまうなんて問題も、ＡＩが「昨日もつくりましたよ」と教えてくれて、別の献立やレシピを提案してくれる。で、それをつくるためにはスーパーで何を買えばいいのかも教えてくれる。老いて一人暮らしでも困らない、そういう時代がくると思うよ。

和田　ＡＩによって孤独な老人が減るかもしれません。すでに会話をしてくれるロボットはありますが、もっと精度が上がれば、こちらの話に寄り添ったり心安らぐことをいってくれたりするようになるでしょう。

池田　だけど、そこまでいくともう人間はいらなくなるな。昔どこかで書いたけど、いずれ人間よりもＡＩを搭載したロボットに恋するやつが出てくるよね。

和田　間違いないでしょうね。ロボットというとどうしても機械の体を連想しますが、3Dプリンターを使うことで人間と見た目が変わらないロボットをつくれるようになっています。美人女優や人気アイドルに姿を似せたロボットもつくれてしまうわけで、そうなれば少子化はもっと進みますね。このロボットはどんな女性よりも優しいでしょうから。

池田　何かいっても、いちいちセクハラだと怒られない（笑）。そのうちキャバクラとかホステスが接客するような店は潰れるんじゃないかね。だって、AI搭載のロボットホステスがこれまでの客の傾向を学習して、相手の好みに合わせて会話するなら客も楽しいし、そのうえ見た目も美人でしょ。しまいにセックスまでできるようになったら、「オレは人間の女よりAIと結婚したい」という男も出てくるよね。

和田　確実に出てくるでしょうね。

池田　セックスの面では、AIをパートナーに選ぶ男は現実に増えているようです。すでにアメリカでは「セックスボット」が実用化されているし、中国でも「AI搭載ラブドール」という精密なダッチワイフが人気だとニュースになっていた。前にセックスボットをみた時はまだそれほどではなくて、いくつかの種類の中から客が選ぶというものだった。それでもSM専用セックスボットというのもあって、驚いたけど（笑）。この流れは当然、もう少ししたら日本にもどんどん入ってくるでしょうね。

和田　日本にもそっち方面の技術はありますからね。何かの雑誌でみたのですが、かつてのダッチワイフはいかにも人形のような顔をしていたのが、今では本物の人間みたいにリアルできれい。処分できなくて家族みたいに一緒に暮らしている人もいるそうです。

池田　それにAIを組み込んだら、ほとんど人間だよね。しかも、ディープラーニングで相手の好みをどんどん学習するから、その人にとってはルックス、内面ともに魅力的で完璧なダッチワイフが出来上がるわけだ。

和田　AIの技術がそこまで進んだら、当たり前のように労働力になります。医療や介護の現場でAIが活躍し、家事もロボットとAIがこなしてくれるわけですから、家族みたいな存在になる。そうなると、今みたいなポリティカル・コレクトネスでがんじがらめになった息苦しい社会も変わるのではないでしょうか。AIロボットが相手なら、オスが輝くとかメスが輝くとか、性別を意識した話もなくなって、どんな本音をぶつけても平気という世の中になるかもしれません。

池田　現代人のストレスのほとんどは人間関係だから、ＡＩやロボットと付き合うほうが、はるかにストレスがなくていいかもしれないですね。じいさん、ばあさんになるまで喧嘩ばかりの夫婦もいるけど、それならさっさと離婚してＡＩと一緒に暮らしたほうが、はるかに楽しく快適に生活できるパターンだってある。

和田　おつれあいを亡くした高齢者がＡＩと一緒に暮らしてみたら、「こっちのほうが断然いい」となるかもしれません。

池田　だって、ある意味ではユートピアですよね。

和田　ただ日本では、そういうテクノロジーを受け入れるかどうかで、大きな断絶が生まれそうです。やっぱりＡＩではなくて生身の人間じゃないとダメだとかいって、倫理や道徳を押し付けようとしたり、ＡＩを夫や妻のようにして生活するなんてまるでディストピアだとか文句をいう人が現れそうです。

池田　海外ではＡＩのほうがいいという話になったとしても、日本人は頭が固いからね。合理的かどうかより、とかく感情的に反対する人がたくさん出てきそうだ。でも、社会全体での話はさておき、「人間よりもＡＩのほうがいい」と思う人は必ず一定数出てくるわけで、その新しい変化を受け入れて楽しめる個人にとっては、やっぱりユートピアなんじゃない。

和田　結局、どんなものが生み出されるかというのは技術の範疇ではなくて、人間の想像力の範疇ですよね。今いろいろな分野で日本が世界に遅れをとっているのは、技術が劣っているわけではなくて、日本人の想像力が遠慮がちだということではないでしょうか。

池田　そうだと思います。すでに話したけど、生物の世界では、群れの中で「みんなと違う行動をとるオス」が変化を引き起こす。それなのに「ルールを守りましょう」という教育をずっと続けてきたせいで、「みんなと違う行動をとるオス」が極端に減ってしまったんだな。「ヘンなこと」を考えるオスが少ない社会は先々ダメになります。

和田　ＡＩにしても医療にしても、世の中というのは常に進歩していくものだという前提でものを考えないといけませんね。高齢者の血圧や血糖値が高くても、10年後はｉＰＳ細胞をパラパラと動脈にまけば若返る、そんな技術ができているかもしれないのですから。

池田　できないとは言い切れないですね。

和田　大半の医者は自分が学んだ段階を起点として、医学がほぼ進歩しないことを前提に患者さんにあれこれ生活指導をしますが、これ、実際は問題だらけかもしれませんよ。

池田　先ほどのシンクレアじゃないけど、今の医学は「病気を治す」ことしか考えていないものの、「悪いところはリニューアル」が常識になれば、現在の常識なんてひっくり返る。そのうち120歳ぐらいまで普通に生きられるようになるかもしれないね。

和田　世界中で進められている「若返り」の研究は、いつか現実になるでしょう。

池田　人間も社会も、かなり面白いことになりますね。

オスが輝く健康十訓

◆その一、禁欲とガマンをやめる

和田　対談の最後に、ここからはこの本のテーマである「オスの本懐」を遂げるためにどうすればいいのか、結論をざっくりまとめていきたいと思います。

池田　当たり前だけど、オスとして輝くためには第一に健康でないといけない。「これさえやれば健康になる」とか、巷には情報が溢れているけど、和田さんとしては何がいいと考えていますか？

和田　日本人の健康によくない影響を及ぼしているのが、江戸時代の儒学者・貝原益軒が『養生訓』で唱えた「我慢」を美徳とした価値観のままストップしてしまっていること。要するに、長生きするためにはこれを食べてはいけません、規則正しい生活を送りなさい、性欲や食欲は自制しなさいと我慢を強いて、ど根性で貫き通すのが人の道であり長寿の秘訣だと説いたわけです。

池田　今はだいぶ変わったけど、運動部で練習中には水を飲まないとか、膝を壊すおそれのある「うさぎ跳び」で足腰を鍛えるとか、全部その思想だよね。

和田　最近の医学では、本来、健康に一番いいのはその人が気持ちのいいことをすることだとわかってきています。免疫的にも、精神衛生上もいい。だから歳をとって体にガタがきそうな人ほど「我慢」しないで「快楽」を求めるべきなのに、日本でそれをするとなんだか「堕落」のように思われてしまいます。

池田　その最たるものがセックスですね。じいさんが年金で風俗に行くのをバカにしたように扱う。でも、性的に枯れると人間はたちまち体にガタがくるから、年寄りでもそういう意欲がある人は風俗に行ったり、アダルトビデオを観たりするのはいいことだよ。「老いては子に従え」というけど、高齢化の今は「老いてはエロに従え」が一番いいのかも。

◆その二、ルーティンを捨てる

和田　二つ目は、ルーティンを捨てるということです。

池田　毎日同じ時間に目が覚めて、同じ道を散歩して、同じようなじいさん仲間とお喋りして帰る――みたいな行動が一番まずいってことですね。

和田　男が元気を失うと、意欲がなくなります。「元気ホルモン」の減退が原因ですが、もう一つの理由は、加齢によって前頭葉が衰えてくるから。

池田　同じルーティンを続けていると、前頭葉がまったく刺激されなくなってしまうわけだね。

和田　あらゆる動物の中で人間の前頭葉だけが発達していますが、これは予想していなかったことに対応する刺激のおかげだそうです。難しい本を読んでも側頭葉しか鍛えられないし、数学の問題を解いても頭頂葉しか鍛えられない。前頭葉が鍛えられるのは、引っ越しや転職など環境が変わった時なんです。人間というのは、歳をとるとそういう変化が面倒くさくなるものです。行きつけの店しか行かなくなる、帰り道を同じにする、同じ著者の本しか読まなくなるわけです。

池田　年寄りはどうしてもそうなる。ラクなほうへ流れてしまいますね。

和田　この「ラクなほうへ」が前頭葉の老化スピードを早めてしまうので、できるだけ避けるべきです。ちなみに、楽ちんなのに前頭葉を鍛えることができる方法というのは、ルーティンに縛られず、自分の好きなことややりたいこと、つまり欲求の赴くままに生きることです。

◆その三、なんでもいいので好奇心をもつ

池田　日本人の大半はそういうのが苦手だからな。会社でバリバリ働いていた人が定年退職して自由になった途端にガクンと老け込むのは、前頭葉が刺激されないからなんですね。

和田　日本人は、寿命では昔よりずっと長生きするようになりましたが、あまり元気ではありません。ヨボヨボしたまま長生きする老人が多いようにみえる原因は、そこにあると思います。子どもの頃からとにかくルールを守ることばかり強いられて、社会に出て会社などの組織に入ればさらにその傾向が強まる。前頭葉が刺激されないまま、大人になって生きていくわけです。

池田　日本の教育がひどすぎるね。

和田　学校教育では、わざと前頭葉を使わないように仕向けているのではと勘ぐりたくなるほどです。大学の講義でさえ、自分の教えた通りの内容を答案に書く学生に「優」をあげる教授が大半です。でも、海外では教授に対して論戦を挑む、自分の考えを明確に主張できる学生が「A」の評価をもらえます。

池田　それくらいの根性がないと、研究なんて進められないからね。
和田　そんな日本社会の中で、前頭葉を刺激し続けながら生きるのはなかなか大変ですが、オスが輝く社会を実現するためには避けては通れない道です。
池田　なんでもいいから好奇心をもつ、これは大事です。実際、ボケていない人には、新しいことを始めようという行動力、知的なことに対する好奇心がある。僕も『Nature』誌を定期購読していて、パラパラめくって面白そうなトピックスがあるとやっぱり気になって読む。新しいことに興味がなくなるとダメですね。
和田　それも環境を変える一つの行為ですね、前頭葉が刺激されるんです。

◆その四、男たるもの「はぐれ者」であれ

池田　でも、ルーティンに縛られて前頭葉が刺激されない生き方に流れていっちゃう人は多いですね。
和田　私が今、興味をもっているのは、ちょうど池田さんと同じ70代の人たちの前頭葉です。団塊の世代とか全共闘世代と呼ばれる人たちは、かなり刺激的な青春時代を送った――つまり前頭葉が大いに刺激される状態で過ごしてきたと思うんです。

池田　確かに生意気で、教師の言いつけなんて守らない連中ばかり（笑）。

和田　それが大学を卒業した途端、会社という組織におとなしく飼い慣らされて、若者を抑圧する側に回ってしまった。しかも、自分たちが歳をとってようやく組織から離れられたのだから、昔のように反骨心をむき出しにしたっていいのに、みんなとにかく従順です。

池田　そうだね。

和田　最初から国や社会に歯向かったことがほとんどない私のような世代と比べたら、もっと何か期待できそうな気がしますが、池田さんはどう思いますか。

池田　たぶん若い頃から、他の世代が考えているほど本気で歯向かってるやつは少なかったんだろうね。デモだってみんなでやっていれば多数派、仲間内でも参加しないと後ろ指をさされるような雰囲気があったわけでしょ。一種のファッションみたいなものだったんじゃないかな。

和田　池田さんが流されなかったのはなぜですか。

池田　「変わり者」だから。昔、高校教師をやったこともあるけど、みんなで入る組合なんか嫌いだから教職員組合には入らなかったの。くだらない学校内ルールもバカらしいから無視して、自分で不必要だと思った事務的なルーティンもスルーして、生徒と遊んでいた。研修も義務ではなかったので全部スルーした。校長から「そういうことでは偉くなれないよ」と説教されて頭にきて、「生涯、一兵卒で頑張ります」と言い返した(笑)。みんなに「変わり者」と思われると、誰も何もいってこなくなるからラクなもんだよ。

和田　はぐれ者であれ――いい生き方ですね。

◆その五、健康診断は受けない

池田　「ルーティンに縛られない」といえば、「健康診断に行かない」もあるね。僕は20年くらい健康診断に行ってないし、がん検診にも行かないけど、困ることはまったくない。逆に健康診断に毎年真面目に行っていたら、医者からわけのわからない薬を飲まされて逆に具合が悪くなったという話はよく聞きます。

和田　医者の私がいうのもなんですけど、健康診断ほどインチキなものはなくて、平均プラスマイナス2の標準偏差の中に入っている人は正常値で、それを少しでも外れると異常値。ところが驚くことに病人は除外して調べているんです。健康な人たちを対象にした検査なのに、その中で少しでも外れたらアウトだという話になってしまいます。

池田　少し前の血液検査ではＨＤＬコレステロール値が１６０近くて、相当高かった。

和田　それはなかなかすごい数値ですね。

池田　医者も驚いて、「検査技師がびっくりしてました」というの。何回か測り直したけど、やっぱりそのぐらいある。医者が「血液検査ぐらいたまにしましょう」というから、「何か悪いことあるんですか」と医者に聞いたら「わかりません」だって（笑）。

和田　確かにその通りで、わからないですね。ＬＤＬが高いのであれば悪いことになっていますが。

池田　そうだね、ＬＤＬが高いというのならまだわかる。僕も一応学者だから一所懸命に調べたけど、外国の文献では心臓が悪くなる人がいるようなことが書いてあるくらい。ぜんぜん自覚症状もないので、遺伝じゃないかっていう話になって——。

和田　それは考えられますね。

池田　医者は「2週間ほど禁酒したらどうですか。それでまた測りましょう。それで下がっていたら、原因はお酒の飲みすぎですね」というの。冗談じゃない、2週間禁酒なんて、かえって体調が悪くなりそうだと断った。以来、そういう話は無視することにしています。

◆その六、病院は自分で「異変」を感じたら行く

和田　私も糖尿病に心不全と病気の塊ですが、好きなものを食べて飲んでいます。

池田　確か養老さんも40代ぐらいから糖尿病で、心筋梗塞を起こした時もその関係で痛くなかったんだとか。あまり病院に行かない人だけど、その時ばかりは何もやる気が出なくて、「絶対におかしい」と感じて診てもらったら、無痛性の心筋梗塞だというのですぐ手術。あと少し遅かったら危なかったようだね。

和田　よほどだったんでしょうね。でも私は、養老先生のような病院との付き合い方は正しいと思います。体に異変も感じていないのに健康診断で悪いところを見つけ出して、

わけのわからない薬を飲まされて、好きな食べ物まで我慢させられるより、よほど健康的な生き方ですよ。

池田　僕も自分でヘンだと思わない限りは病院に行かないね。

和田　日本人というのは、心筋梗塞よりもがんで死ぬ国民なわけです。そう考えると、検査や節制などでさまざまなストレスがかかるほうが免疫力が落ちてがんになりやすくなるので、どちらが正解かわからないのです。検査データは正常でもがんで死んでしまう人もいるし、検査データが正常なら心筋梗塞にならないかというとそうでもない。動脈硬化の最大のリスクファクターは加齢ですから、検査データがすべて正常値でも加齢や遺伝によって病気になるわけです。

池田　当然だよね。一番体に悪いのは歳をとること。でもこればかりは避けられない。だから、歳とって体が悪くなるのはしんどいけど、あまり気にしないほうがいい。確かにバランスも悪くなるけど、それを気に病んでクヨクヨ悩んだりするのはもっと体に悪いよ。

◆その七、「細く長く」ではなく「太く長く」生きる

池田　みんな認知症をすごく恐れるけど、そういうストレスや不安による脳の老化のほうが早くくるものだよ。それに、「ガタがきたらすぐに死んじゃう」ってわけでもない。

和田　寝たきりで胃ろうを受けながら長生きする人もたくさんいます。人間は実はけっこう頑丈にできていて、体にガタがきてからも長いんですよね。

池田　体にガタがこないようにするには、繰り返しになるけど、我慢しないことですよね。食いたいものを食い、したいことをしている高齢者のほうがなんだかんだいって元気だし。

和田　「太く短く生きる」という言葉があるように、昔は好き勝手やっている人は短命というイメージでしたが、実際に高齢者医療の現場をみると違っていて、「太く長く生きる」が本当のところです。

池田　「細く長く生きる」、粗食で質素な生活をしている人のほうが長生きするといわれたけど、今は年寄りでもステーキやカツ丼なんか食べてしっかり栄養をとるのがいいといわれてますね。

◆その八、テクノロジーを受け入れる

和田　健康的に生きるには、ＡＩなどのテクノロジーを素直に受け入れることも大事ですね。ＡＩを選んで楽しく生きようとする人と、古い考えにとらわれて人間関係に悩みながら苦しい生き方をする人では、階級社会くらいに大きな開きができてしまいます。これからはそういう格差がますます広がっていくのではないでしょうか。

池田　ＡＩを使いこなす男と、そうでない男では人生の充実度もまったく違ってくる、と。

和田　ＡＩ相手だったら、ポリコレやハラスメントを気にせず言いたい放題、差別であろうが悪口であろうが、何だっていえるわけです。そういうことがＡＩやロボットで可能な時代になった時に、「そういう世の中になったんだ」と思えるか、思えないか――。

池田　ＡＩを捨てなければ人間らしく生きられない、とかいって、ＡＩを拒否する人もいそうだね。ＡＩに入れ込むのは現実逃避だなんていう人も出てきそう。一見、正しいようにも聞こえるけど、もうすでにＡＩは現実にあるんだから、それを受け入れられな

いほうが現実逃避のような気もするけど。

和田　日本人というのはそういう時代の変化、新しい価値観をなかなか受け入れられない民族のような気がしています。

池田　真正保守主義の国か（笑）。ただ、厳密には保守じゃない。保守にはずっと変わらないという信念があるけど、日本人は変わる時は「右へ倣え」でガラリと変わるから。それまで天皇陛下バンザイと叫んでいたのが、一夜にしてマッカーサー元帥バンザイとなったわけで、確固たる個人の信念なんかほとんどないんだな。

和田　そうですね。

池田　政治体制がガラリと変わっても、日本人の心の底に流れている一種の「自己家畜化」根性はずっと同じ。おそらく江戸時代からほとんど変わっていないよね。それが災いして、根っこのところで保守に凝り固まるんじゃないかな。そういう部分を変えて、オスたちがどんどん「はみ出したこと」を始めるためにも、新しいテクノロジーは前向きに受け入れるべきでしょうね。

◆その九、生き残るために「頑張らない」

池田　もう一ついっておきたいのは「頑張らない」ということ。生物界においては、頑張らないことが生存するための秘訣です。

和田　私も患者さんに対して、無理に頑張らないで、手を抜けるところは手を抜いたほうがいいですよ、といい続けています。人間というのは自分で考えている以上に「ラクをしよう」というモチベーションが大事なんです。

池田　ラクしたい、楽しみたいという気持ちがないとダメだよね。

和田　私が受験勉強法の本を書いた動機は、「少しでもラクに東大に入ろう」と若い人たちに伝えたかったから。仕事だって、早く終わらせたければラクにこなすための方法を見つけるものです。それを探そうとするのは「頑張る」こととは違います。

池田　苦しいことをしないと成長できない、みたいな思い込みが強すぎる。努力、根性を美徳として、少しでもラクする方法を見つけると「ズルい」とか、それが悪いことみたいにいわれるでしょ。

和田　スポーツの世界でもトレーニングや練習法は体に負担をかけない、ラクをして効率的に鍛える方法に変わってきました。でも、勉強はいまだにねじり鉢巻をして「根性で覚える」みたいなカルチャーが残っています。もっとラクな方法があるのに、そちらを選べない人はすごく不幸だと思いますね。無理を重ねる、どうにかして環境や社会に適応しようと頑張りすぎればうつ病にもなる。何をするにしても「結果」はいいに越したことはないんだから、そこに到達するための方法が何通りもあるのなら、一番ラクな道を選んだほうがいいと思います。

池田　日本にはどういうわけか、最もコストパフォーマンスが悪くて苦しい道を選ぶことに意味があるという思い込みがあって、ラクな道よりつらい道を選ぶほうが偉いみたいな風潮があるよな。これは変えないといけない。

◆その十、「能動的適応」でとにかくラクな道を選ぶ

和田　開成や麻布を目指す塾、東大に入るための塾などでは、今でも最後は根性論、ねじり鉢巻で猛勉強です。でも、そんなふうにいろいろなものを犠牲にしてやっと東大に入ったような人は、残念ながら社会に出てから大抵使いものにならないのです。

池田　東大に入ることが目的化した連中はダメだね。東大卒という肩書でその後の人生に多少有利に働くことがあっても、大したことはない。

和田　上からいわれたことを「ド根性」でやる人というのは、大人になってからの人生でも同じように上司や権威にかしずき、いろいろな局面を根性で切り抜けようとします。典型的なパワハラ中間管理職ですよね。家庭をもったら自分の子どもにもド根性式の勉強法を強いるわけですが、こんなのは紛れもない教育虐待。時代の変化についていけません。

池田　誤解している人が多いけど、生物は環境に適応するのではなくて、自分自身で適応する「能動的適応」、それを太古の昔からずっと続けてきた。これだけ時代が変わっているのに、ド根性で東大を目指すようなのは、残念ながら能動的適応ができてない。まあ、こういう話を学校では教えてやらないのが気の毒ではあるんだけど。

和田　能動的適応というのはすごく腑に落ちる話でした。生物がある環境の中で生き残ろうとする時、苦しい方法ではなくて一番コスパのいい、ラクな方法を選ぶと思うんです。

池田　その通り。だからそのラクな方法の最たるものが、「自分に適した場所」に移動すること。生物学的には「ニッチ」というけど、餌がないなら食い物がたくさんある土地に移動して、自分がラクに生きられる道を模索するわけだ。それが能動的適応。自分に合わない環境にしがみついて、歯を食いしばっても適応はできない。死ぬだけだよ。

「能動的適応」ができない種には死が待つ

和田　最たるものが先の戦争でした。ありとあらゆる面で努力、根性、精神力が優先された結果、待ち受けていたものは死と破滅だった。そもそも戦争というのは、前線で戦う兵隊が食糧や物資不足に陥らないような兵站《へいたん》、ロジスティクスをしっかり確保したうえで攻めていくものなのに、日本軍では交戦中に死ぬよりも餓死した兵士が圧倒的に多かったのです。

池田　その通りだね。

和田　神風特攻隊だって、当初はちゃんと護衛機がついて腕のいいパイロットが低空飛行で突っ込んで敵の空母を撃沈することもあった。ところがある時期から護衛機もつけることなく、腕の未熟な学生に操縦をやらせるようになっていきました。
池田　最後のほうは特攻というより、撃墜されるために突っ込んでいくような感じだったよね。敵の空母を沈没させるためではなくて、どれだけ「お国のために」というド根性、勇気をみせられるか――そういうチキンレースになってしまった。そんなことしていたら戦争に勝てるわけがない。
和田　いつの間にか、勝つことよりも潔く死ぬことが目的になっていた。ラクな道ではなくてつらい道を選ぶことが、とにかく尊いこととされたわけです。
池田　インパール作戦の指揮官だった牟田口廉也中将がそうだったね。自分は後方の基地にいて、前線部隊には「腹が減ったら現地で食い物を調達せよ」と指令を出していた。補給路がまったくないなんて、まともな国はそんな戦争はしないよ。日本人はそういうところで、望む結果を出すためにはつらい道を歩むのも仕方がない、みたいなおかしな妄想にずっと昔から取り憑かれている。能動的適応ができない種には死が待ち受けているだけなのに。
和田　能動的適応の観点で我々に希望があるとすれば、ＡＩやロボット、ｉＰＳ細胞のように、高齢者の生活がラクになるさまざまなテクノロジーが増えてきていることですね。

池田　そうだね。こういうものに抵抗をもたず活用するという能動的適応ができれば、歳とるのも悪いことじゃないって方向になるかもしれない。

和田　今だって人間が走るのと比べて、電車や自動車のほうが速いに決まっているわけです。だからジョギングや駅伝のようなスポーツの目的以外では、東京から横浜まで走って行こうというバカはいない。我々はすでにラクな方向へ能動的適応をしている。だったら、この先のAIやロボットだって——。

池田　人間の頭や体だけを使うよりもAIやロボットを上手く活用するのが当たり前で、それをしないのはバカだということになるね。現代で、自動車や自転車にさえ乗らずにすべて徒歩だけで移動するようなもの。AIは危ないとか、ChatGPTの悪口をいう人も少なくないけど、どうでもいい仕事、ブルシットジョブが減るのなら大いにけっこうなことじゃない。その分、空いた時間や労力で人間にしかできない新しくて面白いこと——ヘンなこと、アホなことも含めてどんどんやればいい。

和田　ローマ時代ではありませんが、生産面はできるだけＡＩやロボットにやらせて、人間は新しいことを考えるだけの特権階級になればいいということですね。
池田　ＡＩに仕事が奪われると恐れるのは、人間と同列に考えるからであって、むしろＡＩは奴隷だと思えばいいんだ。ローマ時代の貴族の連中は奴隷や農民が作物を生産して建物をつくっているのをみて、「俺たちの仕事が奪われる」とは心配しなかったでしょう。人間にとってＡＩやロボットはそういう位置づけでいいんだ。
和田　これから日本のオスが輝くには、ＡＩやロボットを活用してどれだけラクに生きられるか考えることが鍵でしょう。つまり、柔軟に思考すること。
池田　日本人は変化から目を背けて、厳しくてつらい道を選びがちだけど、それでは破滅に向かうだけだ。老いも若きも、もっと頭を柔らかくして快適でラクな道を選べるかどうか、果敢に能動的に適応できるかどうか。そこでオスの真価が問われていくのだろうね。
　いずれにせよ、ある程度の年齢になったら、何事も我慢をせずに一番楽しいことを探すのが、「人生の勝ち組」になる究極的な方法ということですね。

あとがきにかえて

和田秀樹さんは最近、高齢者が楽しく生きるためのアドバイス本をたくさん出されていて、私も同感するところが多く、対談をしてゆっくりお話を伺いたいと思っていた。色気と食い気と趣味をどこまで追求するかという話である。

昔は年寄りは煩悩を捨てて、枯淡の余生を送るのが理想だといった考えが主流であった。貝原益軒の『養生訓』にあるように食欲を抑え（腹八分目）、性欲はほどほどに（接して漏らさず）、無闇に眠らず、徒に喋らず、といった禁欲生活に徹すれば長生きできるという話である。

しかし、エロを捨てて長生きして「なんぼのもんじゃい」と和田さんは強く主張され、私も、凡人はエロに走ったほうが人生楽しいよと思っているので、和田さんの意見に大賛成なのだ。

確かに動物ではオスは去勢したほうが長生きをするようで、たとえば、アンテキヌスというオーストラリアに棲む有袋類のオスは、生まれてから約1年後の繁殖期に発情して、飲まず食わずでセックスに励み、繁殖期の終わりまでには精魂尽き果てて死んでしまう。一方メスは次の年もその次の年も繁殖に参加して、3年くらい生きる。オスも発情前に去勢すると、メスと同じくらい長生きするので、男性ホルモンが寿命を縮めるのは確かなようだ。

ヒトでも男性ホルモンは寿命を縮めるようで、本文でも述べたように、中国の宦官（皇帝に仕える去勢した男性）は長寿の傾向があったことがわかっている。ネコのオスも去勢すると喧嘩をしなくなって長生きするので、ネコのためを思えば、去勢をしたほうがいいよ、と勧める人もいるが、ネコにしてみれば余計なお世話だ。ネコもヒトも長生きするために生きているわけではないのだ。好きなタイプの女の人が目の前に現れても、ときめかなくなっては、人生の楽しみは半減すると思う。

なかには、エロよりもギャンブルのほうが楽しいという人もいて、それはそれで、身を持ち崩さない程度に好きにしてくださいという他はないが、多くの凡人は色気と食い気が満たされていなければ、楽しく生きられない。

というわけで、次は食い気の話である。和田さんは大変なグルメのようで、糖尿病、高血圧、心不全といった基礎疾患の山だとおっしゃられていたが、好きなだけお酒を飲んで、好きなだけ食べてどこまで生きるのか自分の体で実験をしているのだという。すごい人である。確かに平均的には酒を飲まず、大食をしないで肥満にならずにいたほうが、長生きするのは確かである。

しかし、これは平均値の話であって、万人に当てはまるとは限らない。飲みたい酒も飲まず、食いたいごちそうも食べずに暮らしても、あっさり死ぬ人もいれば、和田さんのように病気を山ほど抱えて、グルメを追求していても（少なくとも見た目は）颯爽として元気な人もいる。私は（本書の発売時点で）37年6カ月毎日欠かさず酒を飲み続けているが、まだ死なずに生きている。連続飲酒日数を更新中というのも私にとっては人生の楽しみの一つなのだ。酒を飲まずに何の人生か。

動物実験ではカロリー制限をすると長生きすることが分かっていて、ヒトでもカロリー制限は有効であるが、これはあくまで栄養が十分足りている場合の話であって、とくに、タンパク質や脂質の摂取不足は老化を促進する。かつては粗食のほうが長生きするといわれていたが、最近の研究ではベジタリアンやヴィーガンは早死にするようだ。老人になっても、週に2、3回はステーキを食べるくらいの人のほうが長生きする。肉を食わなければ性欲もわかない。ともあれ、飲食については、食べたいもの、飲みたいものを摂取するのが、「ストレスレス」で一番よろしいと思う。

それから、無闇に医者が好きな人がいる。今日は内科、明日は整形外科、次の日は眼科と病院をハシゴしている人は、病院通いが趣味なのかとも思わないでもないが、趣味でない人は、残り少ない貴重な時間を病院通いに費やすのは勿体ないと思う。自覚症状がないのにがん検診や健康診断を受けても、死亡率にさほど差がないことは、欧米の調査でわかっているので、あまり気にしないほうがいい。なんでもかんでも医者に診てもらっていると、自分の体を虚心に観察する能力が落ちてくる。

経験したことがないような痛みや気持ち悪さを感じたら、即刻、病院に行くべきだけれども、なじみのある痛みは、医者に任せる前に、自分で工夫してラクになるような方法を試してみたらどうかしら。どこも痛くないのに、何ともやる気が出ない人は老人性うつ病でなければ、男性ホルモンの減少が原因かもしれないので、和田先生に相談して、血中の男性ホルモン値を計ってもらったらどうかしら。第二の人生が楽しめるかもしれないよ。早死にしても責任は負わないけれどね。

池田清彦

和田秀樹　1960年生まれ。東京大学医学部卒。東京大学医学部附属病院精神神経科助手、米国カール・メニンガー精神医学校国際フェローを経て、高齢者専門の精神科医。著書に『80歳の壁』など多数。

池田清彦　1947年生まれ。生物学者。東京教育大学理学部生物学科卒、東京都立大学大学院理学研究科博士課程生物学専攻単位取得満期退学、理学博士。著書に『「頭がいい」に騙されるな』など多数。

Ⓢ新潮新書

1055

オスの本懐《ほんかい》

著　者　和田秀樹《わだひでき》　池田清彦《いけだきよひこ》

2024年8月20日　発行
2024年9月20日　2刷

発行者　佐　藤　隆　信

発行所　株式会社 新潮社

〒162-8711　東京都新宿区矢来町71番地
編集部(03)3266-5430　読者係(03)3266-5111
https://www.shinchosha.co.jp

構成　窪田順生

印刷所　錦明印刷株式会社
製本所　錦明印刷株式会社

ISBN978-4-10-611055-9　C0240

価格はカバーに表示してあります。